세계의 빈곤,
남반구와 북반구의 비밀

La Planète en partage, Pays du Nord, Pays du Sud, à petits pas.
by Carina Louart and Marie de Monti

Copyright © Actes Sud / ADEME, 2009

Korean translation right © Sakyejul Publishing Ltd., 2010
This edition was published by arrangement with Actes Sud through THE agency, Seoul.

더 에이전시를 통해 Actes Sud와 맺은 독점 계약에 따라 이 책의 한국어판 저작권은 (주)사계절출판사가 소유합니다.
저작권법에 따라 한국 내에서 보호를 받는 저작물이므로 무단 전재와 무단 복제를 금합니다.

■ 일러두기
1. 독자의 이해를 돕기 위해 몇몇 부분에 우리나라와 관련된 정보를 추가해 놓았습니다.
2. 본문에 '대한민국' 이라고 언급된 부분은 저자가 쓴 내용이며,
　'우리나라' 라고 언급된 부분은 편집부에서 쓴 내용입니다.
3. 본문 안에 * 가 표시되어 있는 용어는 '작은 사전' 에 풀이해 놓았습니다.

세계의 빈곤,
남반구와 북반구의 비밀

카리나 루아르 글, 마리 드 몽티 그림 | 나선희 옮김

사□계절

차례

불평등이란 무엇일까요? … 6
북반구 사람들과 남반구 사람들 … 8
유럽이 지배한 수백 년 … 12
식민지 시대 … 16
식민지 해방에서 제3세계로 … 18

지구상에서 가장 가난한 대륙, 아프리카 … 20
지구가 부유해져도 모두가 잘살게 되지는 않아요 … 22
빈곤의 재앙 … 26
가난에서 벗어날 수 있는 단 한 가지 방법, 학교 … 30
남반구에는 많은 의료 혜택이 필요해요 … 32
가난에서 벗어나기 위하여 … 36

늘어나는 도시 인구 … 40
세계는 하나의 거대한 마을 … 42
새로운 거인, 중국과 인도 … 46
어떤 사람의 행복은 다른 사람의 불행 … 50
희망을 찾아 북반구로 떠나는 이민자들 … 54
기후와 관련된 불평등 … 56

2050년에는 90억 명 인구를 먹여 살려야 해요 … 58
대안세계화운동을 하는 사람들 … 62
세계의 빈곤과 불평등을 줄이려면 … 64
구호 활동을 펼치는 인도주의자들 … 68
누구나 참여할 수 있어요 … 70
세계인이 서로 돕고 나누는 아름다운 세상 … 72

세계의 빈곤에 관한 퀴즈 … 74
더 많이 알고 싶다면 … 77
작은 사전 … 78

불평등이란 무엇일까요?

이상적인 세계에서는 누구나 끼니를 거르지 않고, 학교에 다니며, 아프면 치료를 받습니다. 또 좋은 집에서 살 수 있으며 좋은 직업을 가질 수도 있습니다. 하지만 현실은 그렇지 않습니다. 어떤 나라에 사느냐 또는 어떤 사회 환경에 사느냐에 따라 모든 것이 달라질 수 있습니다.

우리는 자기가 살게 될 나라를 직접 선택하지 못해요

어쩌면 인간은 법적으로는 평등하고 자유롭게 태어났는지도 모릅니다. 하지만 어느 나라에서 태어났느냐에 따라 생활 수준은 달라집니다. 가난한 나라에서 태어나면 대부분 어려운 삶을 살게 됩니다. 배가 고파도 먹지 못할 때가 많으며, 병에 걸리기도 쉽습니다. 게다가 학교에는 거의 가보지도 못합니다. 학교에 다닐 수 없다면 아이들의 앞날은 순탄치 않을 것입니다. 아프리카에서는 네 명의 어린이 가운데 한 명만이 중학교에 다니며, 4퍼센트의 청년들만이 대학에 다닙니다. 그러나 서유럽에서는 16세까지 의무적으로 학교에 다니도록 되어 있고 청년의 70퍼센트가 대학에서 공부를 계속합니다(우리나라는 초등학교부터 중학교까지 의무적으로 학교에 다니게 되어 있으며 대학 진학률은 약 80퍼센트입니다).

자기의 가족 또한 스스로 선택할 수 없어요

부자 나라 사람들이 모두 부자는 아닙니다. 그리고 가난한 나라에 사는 사람들이 모두 가난한 것도 아닙니다. 다시 말해, 부자 나라에서도 가난할 수 있으며, 가난한 나라에서도 부자로 살 수 있습니다. 개발도상국에서도 유복한 가정에서 태어나면 선진공업국의 잘사는 사람이 누리는 것과 똑같은 혜택을 누릴 수 있습니다.

불평등은 태어나는 순간부터

먹을 것이 부족하고 적절한 치료를 받을 수 없는 개발도상국의 아이들은 선진공업국에 비해 다섯 살 이전에 죽을 위험이 평균 13배나 높습니다. 서구의 아이들은 가장 가난한 나라의 아이보다 평균 두 배 이상 오래 살 수 있습니다.

▶레아는 프랑스에서 평균 수명이 가장 높은, 오트잘프라는 지방에 살고 있습니다. 레아는 85세까지 살 수 있을 것입니다.

◀폴은 프랑스 북부 지방에 살고 있습니다. 폴이 장차 공장에서 일하는 노동자가 된다면 74세까지 살 수 있을 것입니다. 북부 지방 노동자들의 평균 수명이 프랑스에서 가장 낮기 때문입니다.

◀프랑스에 사는 코스메가 커서 회사의 고위 관리자가 된다면, 81세까지 살 수 있을 것입니다.

▲미나는 평균 수명이 세계에서 가장 낮은 시에라리온에 살고 있습니다. 따라서 40세에 사망할 수도 있습니다. 이는 1800년대 프랑스의 평균 수명에 해당합니다.

◀사쿠라는 평균 수명이 가장 높은 일본에 살고 있습니다. 그래서 86세까지 살 수 있을 것입니다.

"노예 제도나 인종 차별 정책처럼 가난도 인간이 해결할 수 있습니다. 가난은 인간이 만들어 낸 상황입니다. 따라서 인간들이 스스로 극복하거나 근절할 수 있습니다."

–넬슨 만델라, 남아프리카공화국 전 대통령

북반구 사람들과 남반구 사람들

최근 몇 년 동안 세계는 놀랄 만큼 부유해졌습니다. 그러나 어떤 지역은 아직도 발전과는 거리가 멉니다. 전 세계 인구의 100명 가운데 40명에 해당하는 23억 명이 아직도 하루에 2달러가 채 안 되는 돈으로 생활하고 있습니다. 이는 선진국의 버스 요금 정도의 금액입니다.

부유한 북반구, 가난한 남반구

흔히 북반구는 잘사는 곳, 남반구는 못사는 곳으로 구분해 왔습니다. 북반구에는 미국이나 일본, 유럽연합처럼 부유하고 발전한 나라들이 있는 반면 남반구에는 라틴 아메리카처럼 아직 경제 발전이 뒤처진 나라들이 있기 때문입니다. 그러나 '아시아의 네 마리 용'이라고 부르는 대한민국, 싱가포르, 대만, 홍콩이 '부자 나라'에 속하게 되었으며, '아시아의 다섯 마리 호랑이'라고 하는 태국, 말레이시아, 인도네시아, 필리핀, 베트남이 그 뒤를 따르고 있습니다. 그리고 'BRICM'이라 부르는 브라질, 러시아, 인도, 중국, 멕시코와 같은 여러 신흥공업국이 모습을 드러내고 있습니다. 이 나라들은 최근 몇 년 동안 놀라운 성장을 거듭하고 있습니다.

국민의 삶의 질도 계산할 수 있어요

'국제연합개발계획'(UNDP)*에서는 해마다 각 나라의 국민 소득과 평균 수명, 교육 수준을 기준으로 인간개발지수(HDI)를 측정합니다. 2009년에 인간개발지수가 가장 높게 측정된 나라는 노르웨이입니다. 오스트레일리아가 2위, 미국이 13위, 우리나라는 26위를 차지했지요. 대부분 선진국이 상위권을 차지하고 있습니다. 남아프리카공화국이나 아랍 에미리트연합국 같은 나라는 광산과 석유로 많은 돈을 벌고 있지만 빈부 격차가 심해 상위권에 들어가지 못했습니다.

그런데 최근 세계 경제가 어려워지면서 전 세계 사람들의 삶의 질이 떨어질 위험에 처했습니다. 남반구는 물론 북반구의 나라들조차 이 위기를 피하기 어렵게 되었습니다. 2008년 인간개발지수가 가장 높게 측정된 아일랜드조차 경제 위기 상황에 처해 있기 때문입니다.

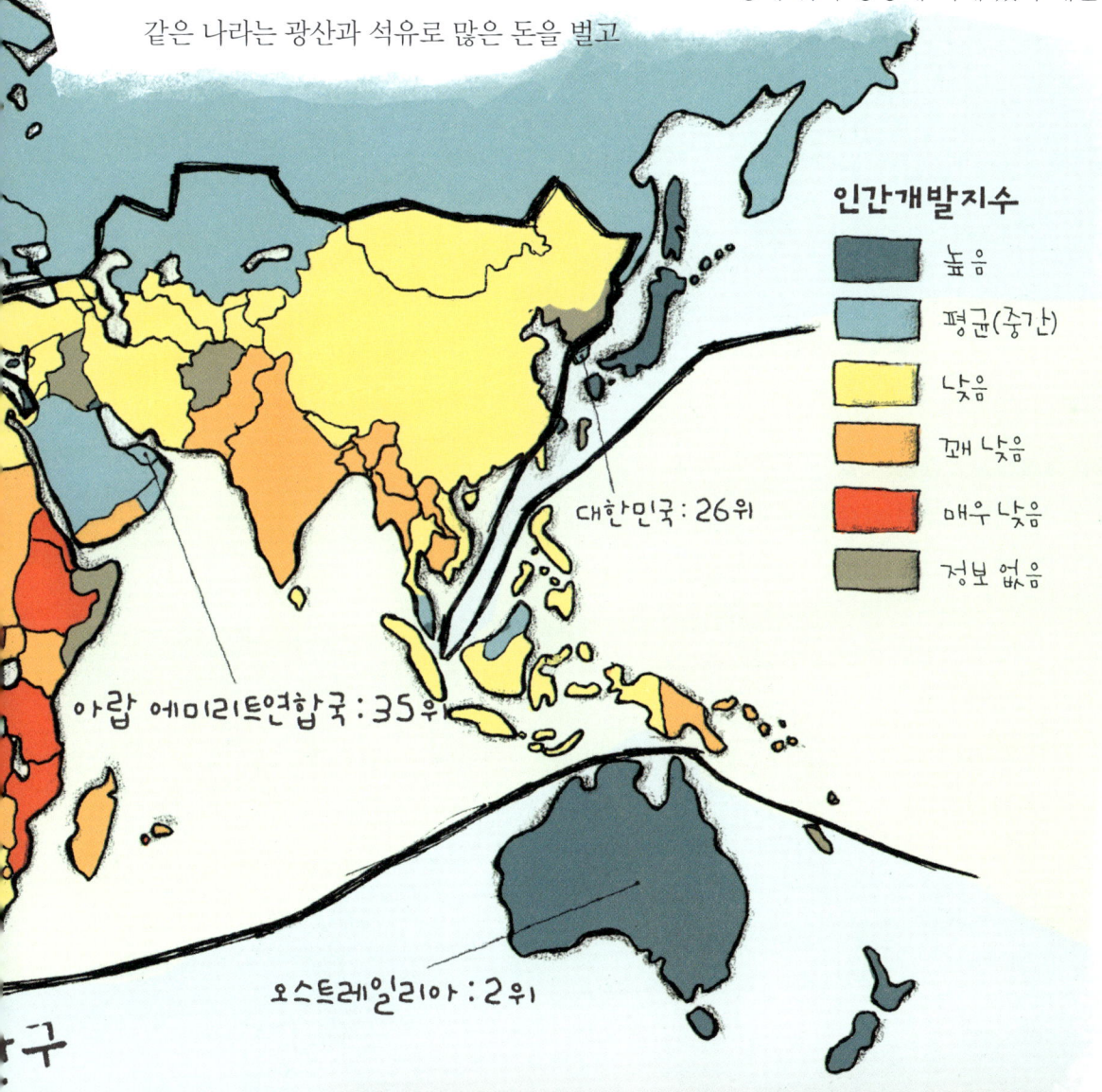

대부분의 신생아는 아시아와 아프리카에서 태어나요

세계적으로 날마다 36만 5천 명의 아이들이 태어납니다. 그 가운데 아시아에서 57퍼센트, 아프리카에서 26퍼센트, 라틴 아메리카에서 9퍼센트, 유럽에서 5퍼센트, 북아메리카에서 3퍼센트, 그리고 1퍼센트가 안 되는 아이들이 오세아니아에서 태어납니다.

최저개발국에서 선진국까지

선진국: 뛰어난 기술력을 바탕으로 높은 경제 발전을 이룩한 부유한 나라를 말합니다. 지금 세계 경제를 주도하는 나라들은 대부분 선진국들입니다. 선진국 사람들은 대부분 교육과 의료 혜택을 받으며 편안한 생활을 하고 있습니다.

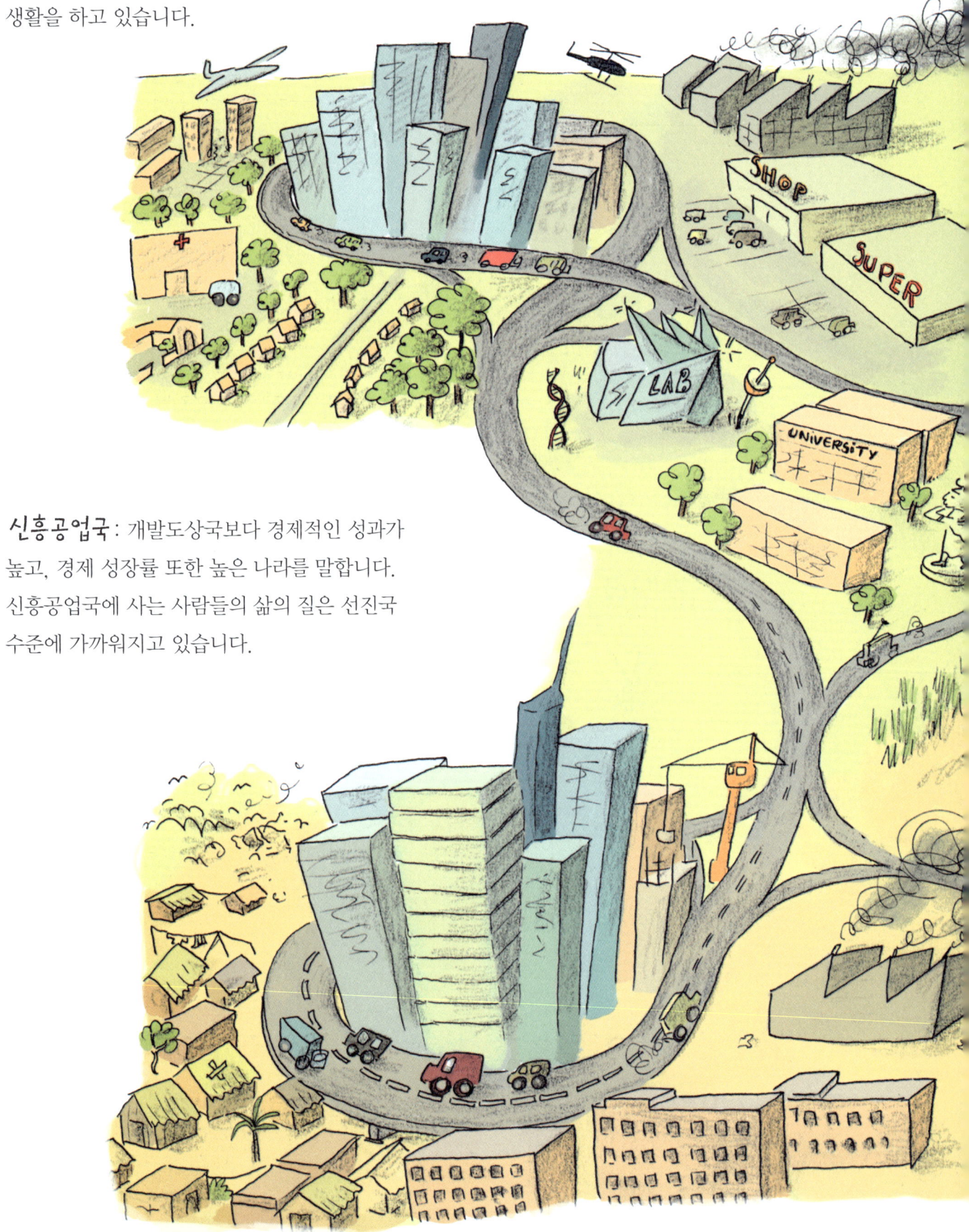

신흥공업국: 개발도상국보다 경제적인 성과가 높고, 경제 성장률 또한 높은 나라를 말합니다. 신흥공업국에 사는 사람들의 삶의 질은 선진국 수준에 가까워지고 있습니다.

개발도상국: 이제 막 경제 발전을 시작한 나라들입니다. 현재 '발전하고 있는 단계'에 있기 때문에 개발도상국이라고 합니다.

최저개발국: '최빈국'이라고도 하며, '후진국'보다 부드러운 표현입니다. 최저개발국에 사는 사람들의 삶의 질과 경제 발전 수준은 매우 낮습니다.

유럽이 지배한 수백 년

유럽이 세계 주도권을 잡기 시작한 건 아메리카 대륙에 진출하면서부터입니다. 유럽 사람들은 새로운 땅을 찾아 거친 파도에 몸을 던졌습니다. 그리고 몇 년 만에 귀금속과 향신료, 담배, 사탕수수 들이 풍부한 아메리카의 여러 지역을 차지했지요. 유럽 사람들은 아메리카 사람들에게 엄청난 피해를 입혀 가며 수많은 자원을 약탈했습니다.

1492년, 신세계를 향해 나아가다

15세기까지만 해도 유럽의 강대국들은 고만고만한 수준이었습니다. 오히려 유럽보다는 중국이 더 강대국이었지요. 중국은 10세기에 나침반을 발명하여 유럽보다 몇 백 년이나 먼저 항해에 나서며 무역으로 부를 쌓았습니다. 유럽이 경제적으로 부유해지면서 강대국의 면모를 보인 건 14세기부터입니다. 왕과 귀족들은 대부분 호화로운 생활을 했고 무역으로 큰 돈을 번 대상인들이 하나둘 생겨나기 시작했지요.

크리스토퍼 콜럼버스는 에스파냐의 후원을 받아 최초로 대서양을 건넜습니다. 그리고 1492년, 아시아를 찾다가 우연히 남아메리카에 다다랐습니다. 그 시기에 포르투갈 또한 새로운 항로를 찾기 위해 열심이었습니다. 그러다가 브라질에 도착했습니다. 에스파냐와 포르투갈은 서로 남아메리카를 차지하려고 싸웠습니다. 하지만 교황 알렉산데르 6세의 조정으로 남아메리카를 나누어 갖기로 했지요. 남아메리카가 두 나라의 손에 넘어가자 영국과 프랑스는 북아메리카에 눈독을 들였습니다. 영국은 지금의 미국 동쪽 해안을 차지했고, 프랑스는 캐나다를 차지했지요. 이렇게 해서 유럽의 아메리카 대륙 지배가 시작되었습니다.

세상에서 가장 끔찍하고 잔인한 노예 무역

유럽은 남반구에서 강탈한 옥수수, 목화, 은, 금, 향신료 등을 팔아 더욱 부유하고 강해졌습니다. 그리고 이런 힘을 바탕으로 세계 곳곳을 지배했지요. 남아메리카도 이때 유럽 사람들의 손에 넘어갔습니다. 유럽 사람들은 이곳에 커다란 농장을 세웠습니다. 이 농장에서는 주로 유럽 사람들이 좋아하지만 유럽에서는 기후가 맞지 않아 재배할 수 없는 설탕, 목화, 커피 등 열대 작물을 재배했습니다. 하지만 일손이 턱없이 부족했지요. 이걸 눈치챈 상인들은 노예 무역에 눈을 돌리기 시작했습니다. 상인들은 커다란 배를 타고 아프리카 곳곳을 돌며 흑인들을 사들여 남아메리카로 끌고 가 열대 작물과 맞바꾸었습니다. 그리고 이 농산물들을 유럽으로 싣고 와 큰 돈을 벌었습니다.

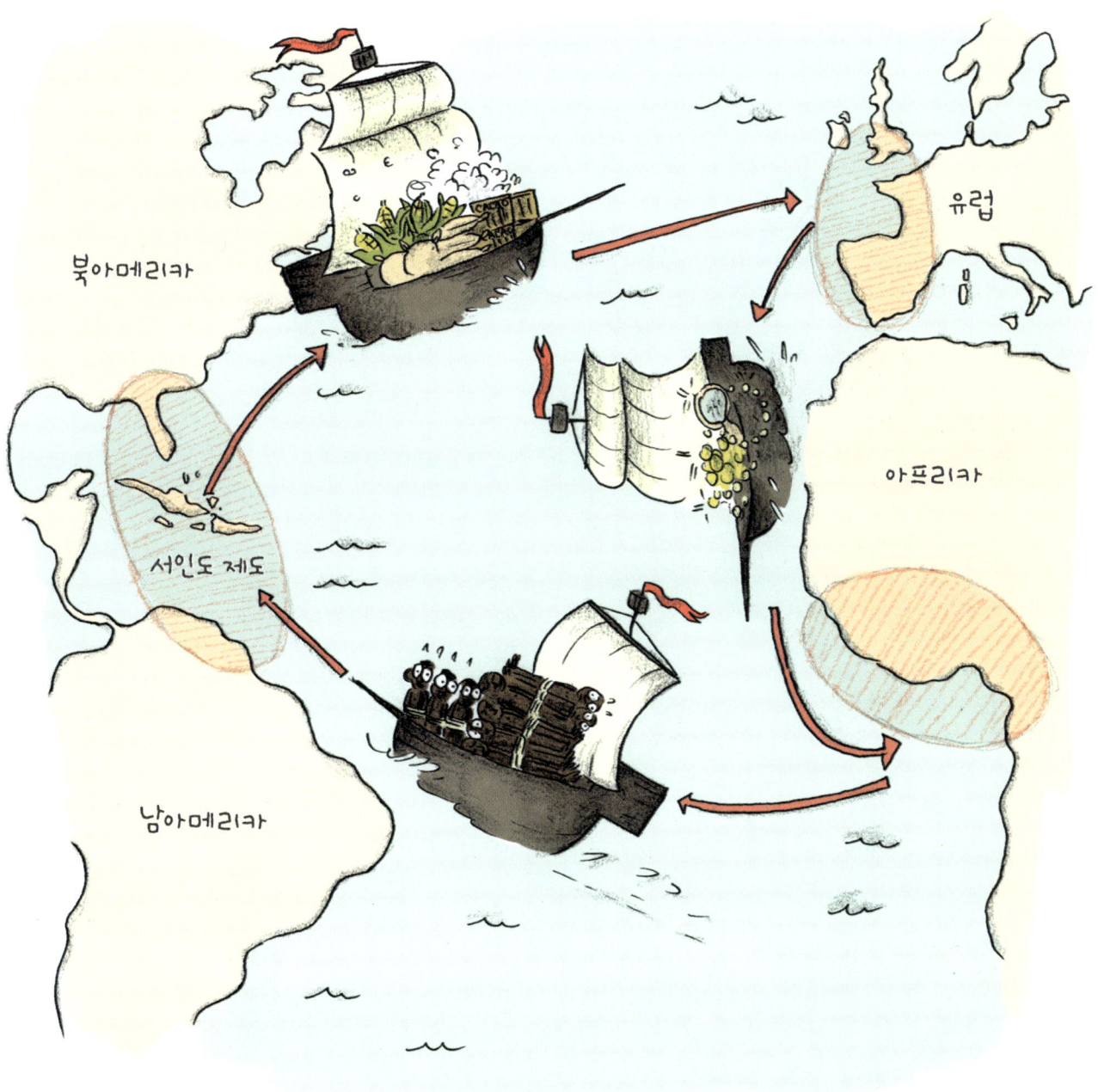

끔찍하게 희생된 아프리카의 흑인 노예들

서양 사람들이 노예 무역을 본격적으로 시작한 건 16세기부터입니다. 유럽의 노예 상인들은 흑인들을 배에 태워 남아메리카로 데려가 그곳의 유럽 농장주들에게 팔았습니다. 한번에 많은 흑인들을 태우기 위해 온갖 잔인한 방법이 동원되었습니다. 화물창 바닥을 층층이 나누어 흑인들을 짐짝처럼 빼곡하게 우겨 넣었지요. 일어서긴커녕 움직일 수도 없는 좁고 더러운 공간에서 쇠사슬에 꽁꽁 묶인 흑인들은 병에 걸리거나 숨이 막혀 하나둘 죽어 나갔습니다. 흑인들도 똑같은 사람이지만 짐승보다 못한 대우를 받았습니다. 이렇게 바다를 건넌 흑인들이 무려 천만 명에서 2천만 명에 이르렀습니다. 이 가운데 10~30퍼센트의 흑인들이 화물창 바닥에서 목숨을 잃었습니다. 이 과정에서 살아남아도 흑인들에게 남은 것은 혹독한 노동뿐이었습니다. 남아메리카 땅에 도착한 흑인 노예들은 사탕수수, 커피, 목화 농장에 팔려 나가 위험하고 고된 노동에 시달렸습니다. 때문에 절반에 달하는 흑인 노예가 3년도 못 되어 죽어나갔습니다.

아직도 남아 있는 노예들

현재 노예 제도는 대부분의 나라에서 폐지되었습니다. 하지만 니제르나 수단과 같은 아프리카의 몇몇 나라에서는 아직도 노예가 존재합니다. 1981년에 공식적으로 노예 제도를 폐지한 모리타니 또한 여전히 사회 곳곳에 노예 제도가 남아 있습니다. 스위스의 **비정부 기구***인 '국제기독교연대' 는 1980년대부터 노예 제도와 맞서 싸우고 있습니다. 국제기독교연대에서는 한 명당 35유로에 달하는 노예를 되사 해방시켰습니다. 성인 남자 한 명의 가치가 겨우 35유로인 셈입니다.

아메리카 땅에서 영원히 사라진 문명들

아메리카 땅에서 꽃피웠던 **아즈텍 문명***과 **잉카 문명***, **마야 문명***이 식민지 개척자들에 의해 사라졌습니다. 식민지 침략자들은 총포를 앞세워 아메리카의 고유 문화를 짓밟으며 그 땅을 점령해 나갔습니다. 게다가 천연두, 홍역, 콜레라를 비롯해 수많은 전염병을 아메리카 땅에 퍼뜨렸습니다. 오랫동안 이 질병에 시달려 온 유럽 사람들과 달리 아메리카 사람들은 이 질병에 대한 면역력이 거의 없었습니다. 어떤 부족은 부족 전체가 전염병으로 몰살되기도 했습니다. 그 부족이 수천 년 동안 이어온 전통 문화는 이제 지구상에서 완전히 사라져 버렸습니다. 결국 유럽 사람들이 퍼뜨린 전염병이 문명을 사라지게 만든 것입니다. 역사학자들은 유럽 사람들이 들어오면서 발생한 질병으로 인해 멕시코 원주민의 절반 이상이 사망했다고 추산하고 있습니다.

식민지 시대

유럽 인들은 19세기부터 자신들의 영향력을 전 세계로 확장해 나갔습니다. 그 결과 아프리카와 아시아의 여러 지방이 마치 케이크처럼 여러 조각으로 나뉘어 유럽 사람들의 손에 넘어갔습니다. 이 모든 건 유럽 사람들의 상업적 이해에 따라 결정되었습니다.

유럽의 식민지 쟁탈전

아프리카 대륙은 유럽 열강의 식민지 쟁탈전으로 몸살을 앓았습니다. 남아프리카와 동아프리카가 영국으로, 토고와 다호메이(베냉)는 독일로, 콩고는 벨기에로, 북아프리카와 서아프리카는 프랑스로 넘어갔습니다. 아시아 또한 유럽 강대국들이 사리사욕을 채우려는 각축장이 되었습니다. 영국은 인도와 미얀마를, 프랑스는 인도차이나를, 네덜란드는 인도네시아와 필리핀을 차지하였습니다.

지배국에만 유리한 식민지 제도

아프리카 및 아시아의 여러 지역이 다른 나라의 식민지가 되면서 의료 및 공공시설은 어느 정도 발전했습니다. 하지만 이 모든 건 침략자들이 식민지를 손쉽게 지배하기 위한 것이었습니다. 도로와 항만은 강제로 빼앗은 자원을 쉽게 옮겨 가기 위해 만든 것이었습니다. 학교를 세운 것도 다른 속셈이 있었습니다. 학교에서는 그 나라의 말과 글을 가르치지 않고 지배국의 말과 글을 가르쳤습니다. 그래서 그 나라의 얼과 혼을 완전히 없애 버리려 했습니다. 게다가 좋은 땅을 모조리 독차지하고 정권까지 손아귀에 넣어 모든 것을 자기 마음대로 조정했습니다. 그러자 그 나라의 전통 문화, 사회 제도, 관습 등 많은 것들이 사라져 버렸습니다.

법 앞에 불평등한 원주민과 식민지 침략자

프랑스가 다른 나라에 식민지를 건설하면서 프랑스에는 두 부류의 시민이 탄생했습니다. 프랑스 시민 즉 식민지 지배자들과 프랑스의 지배를 받는 식민지 시민으로 나누어지게 된 것입니다. 이런 차별은 1881년 제정한 식민지 통치법에서 찾을 수 있습니다. 이 법은 여러 가지 법 조항에 흩어져 있던 식민지 원주민들에 관한 법을 한데 모은 것입니다. 내용은 대부분 식민지 원주민들의 자유를 박탈하고 차별하는 불평등한 것들입니다. 영국과 에스파냐 등 식민지를 가진 다른 나라들도 이와 비슷한 법을 채택하였습니다. 프랑스에서는 1946년에야 이 법이 폐지되었습니다. 그제야 원주민들은 자유롭게 여행을 하거나 이사를 가고 직업을 가질 수 있게 되었습니다.

'야만인'을 개화시킬 것

19세기에 식민지를 가진 나라의 정치인들은 대부분 '식민지주의'가 다른 민족에 혜택을 준다고 믿었습니다. 프랑스의 현대적인 교육 제도를 수립한 정치가 쥘 페리는 "열등한 민족을 개화시키는 것은 우월한 민족의 권리이자 의무" 라고 주장하였지요. 이는 1789에 발표된 '프랑스 인권 선언'과는 반대되는 주장입니다. 프랑스 인권 선언 제1조에는 "인간은 태어나면서부터 자유와 평등의 권리를 가진다."라고 쓰여 있습니다.

식민지 해방에서 제3세계로

1945년부터 1960년대까지 아프리카와 아시아 나라 대부분이 식민지에서 해방되었습니다. 그토록 바라던 독립을 이루었지만 기대와 달리 나라 사정은 점점 더 어려워졌습니다. 정치는 불안했고 경제 상황은 나아질 기미가 보이지 않았습니다.

자유와 독립을 이루다

인도 의회당은 간디의 '퀴트 인디아(Quit India, 인도에서 떠나라는 뜻)'라는 비폭력 운동에 자극을 받아 1942년부터 영국인들에게 인도를 떠날 것을 요구했습니다. 1947년, 인도는 드디어 영국으로부터 독립했습니다. 식민지 해방은 아프리카와 아시아의 여러 나라로 확대되었습니다. 알제리나 인도차이나, 마다가스카르 같이 힘겨운 전투 끝에 해방을 이룬 나라들도 있었습니다. 하지만 앙골라와 모잠비크, 기니비사우는 1970년대 중반까지도 포르투갈의 지배를 받았습니다.

제3세계의 출현

2차 세계 대전 이후 전 세계는 미국을 중심으로 '자본주의'를 지지하는 나라와, 소련을 중심으로 '공산주의'*를 지지하는 나라로 나뉘었습니다. 서로 전쟁을 하지는 않았지만 전쟁이 일어날지도 모를 긴장 관계가 계속되었습니다. 바로 이 상황을 세계사에서는 '냉전 시대(1940년 중반부터 1990년 초)'라고 부릅니다. 그런데 이런 냉전 시대가 한창이던 1955년 인도네시아 반둥에서 아시아와 아프리카의 29개 나라가 모였습니다. 이 나라들은 자본주의도 공산주의도 지지하지 않는 나라들이었습니다. 그래서 이 나라들을 제3세계(자본주의 사회를 제1세계, 사회주의 사회를 제2세계라고 한다)라고 불렀습니다. 이 나라들이 모인 이유는 아시아와 아프리카를 수세기 동안 지배하는 유럽 강대국들의 지배에서 벗어나기 위한 것이었습니다. 회의에서 제3세계 나라들은 식민지 지배를 하는 유럽 강대국과 소련을 비판했습니다. 제3세계 운동은 많은 나라의 지지를 받으며 120여 개 나라가 가입했지만 독자적인 그룹을 형성하는 데는 실패하고 말았습니다.

해방 이후 불어 닥친 더 큰 혼란과 어려움

식민지에서만 벗어나면 모든 게 제자리로 돌아갈 것 같았습니다. 하지만 현실은 그렇지 않았습니다. 침략자들이 저지른 여러 가지 문제를 해결해야 했습니다. 특히 침략자들에 의해 잘못 정해진 국경 문제 등 문제가 한두 가지가 아니었습니다. 게다가 경제적 이익을 얻으며 침략자들의 식민지 통치를 도운 사람들의 부정부패 고리는 해방 이후까지 지속되었습니다. 그리고 서로 권력을 차지하기 위한 내전(같은 나라 안에서 일어난 전쟁)도 끊이지 않았습니다. 이 과정에서 많은 나라의 권력이 독재자의 손에 넘어가게 되었습니다. 자이르의 모부투, 인도네시아의 수하르토, 필리핀의 마르코스 등이 바로 그런 독재자들입니다. 이런 부패한 군사 독재 정부의 지배 아래 놓인 나라들은 경제 발전이 더딜 수밖에 없었습니다.

지구상에서 가장 가난한 대륙, 아프리카

1971년, 최저개발국에 속하는 나라는 25개국이었습니다. 하지만 오늘날에는 그 두 배 가까이 늘어났습니다. 아프리카는 지구상에서 가장 가난한 대륙입니다. 두 명 가운데 한 명이 하루에 1달러도 안 되는 돈으로 생활하고 있습니다. 최저개발국 가운데서도 가장 가난한 곳은 아프리카 사하라 사막 남쪽에 위치한 지역입니다.

최저개발국이란 무엇일까요?

'국제연합'(UN)*은 3년에 한 번씩 최저개발국을 발표합니다. 최저개발국은 경제 발달이 매우 더디며, 1인당 국민 소득이 연간 900달러 미만인 나라들입니다. 이 나라들은 사람들의 교육 수준도 낮고 영양 상태도 매우 좋지 않습니다. 현재 최저개발국에 살고 있는 사람은 무려 7억 6천 7백만 명에 달합니다. 최저개발국을 위한 지원 문제를 논의하기 위해 국제연합은 '최저개발국 회의'를 시작했습니다. 그 결과 보츠와나와 카보베르데가 최저개발국에서 벗어나 개발도상국이 되었습니다. 그 반면 세네갈이 최근 최저개발국에 속하게 되었지요.

폭발적으로 늘어나는 세계 인구

세계 인구는 백 년 만에 네 배나 늘어났습니다. 그러나 남아시아와 아프리카의 출산율이 낮아지면서 점차 안정되어 가고 있습니다.

- 2억 5백만 명 — 500년
- 2억 5천 5백만 명 — 1000년
- 3억 7천 4백만 명 — 1400년
- 15억 명 — 1900년
- 68억 명 — 2009년

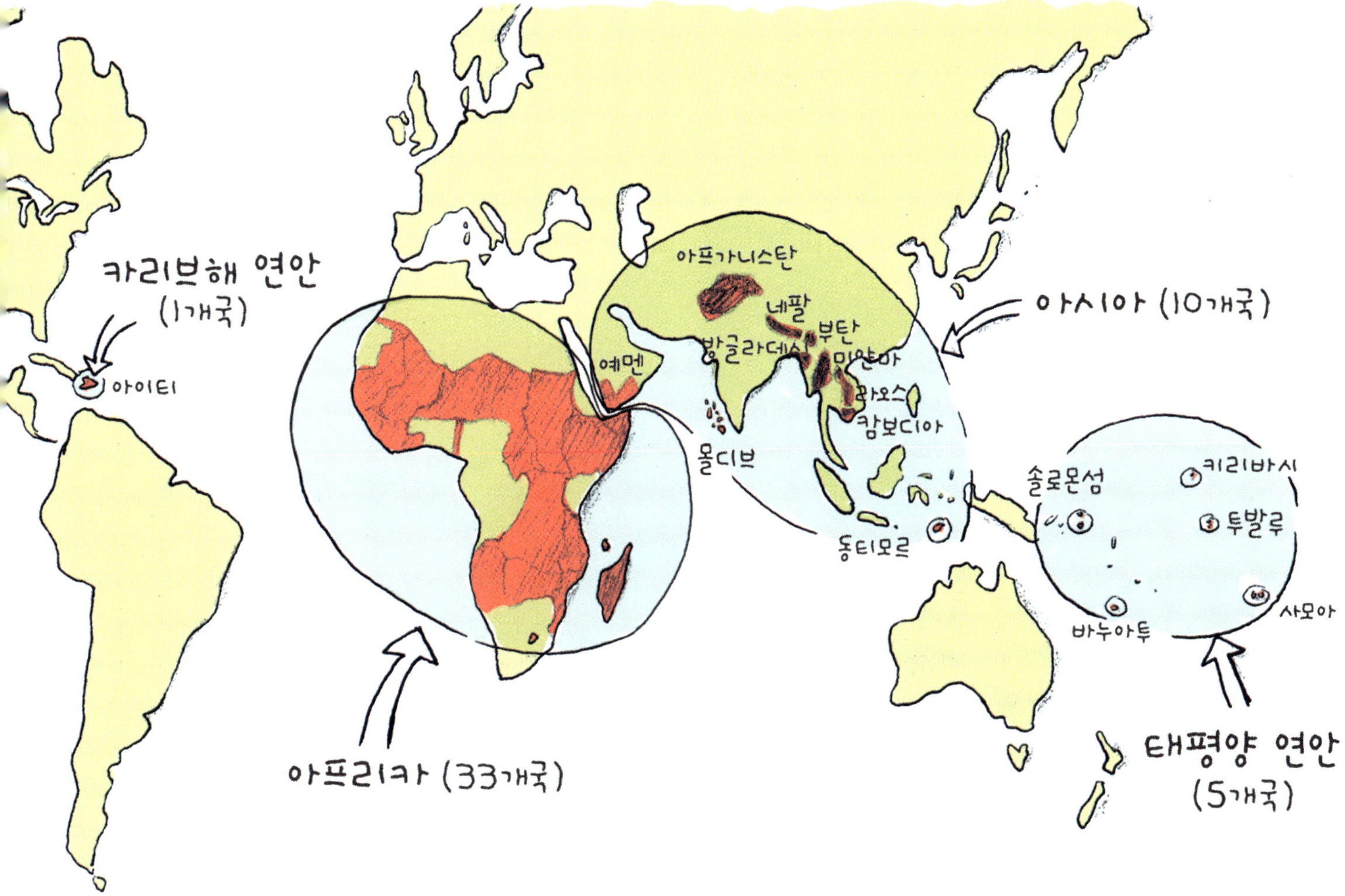

최저개발국에 속하는 나라들(2009년 기준, 총 49개국)

아프리카(33개국) : 감비아, 기니, 기니비사우, 니제르, 레소토, 르완다, 라이베리아, 마다가스카르, 말라위, 말리, 모리타니, 모잠비크, 베냉, 부룬디, 부르키나파소, 상투메프린시페, 세네갈, 소말리아, 수단, 시에라리온, 앙골라, 에리트레아, 에티오피아, 우간다, 잠비아, 적도 기니, 중앙아프리카공화국, 지부티, 차드, 코모로, 콩고, 탄자니아, 토고

아시아(10개국) : 네팔, 동티모르, 라오스, 몰디브, 미얀마, 방글라데시, 부탄, 아프가니스탄, 예멘, 캄보디아

태평양 연안(5개국) : 바누아투, 사모아, 솔로몬, 키리바시, 투발루

카리브해 연안(1개국) : 아이티

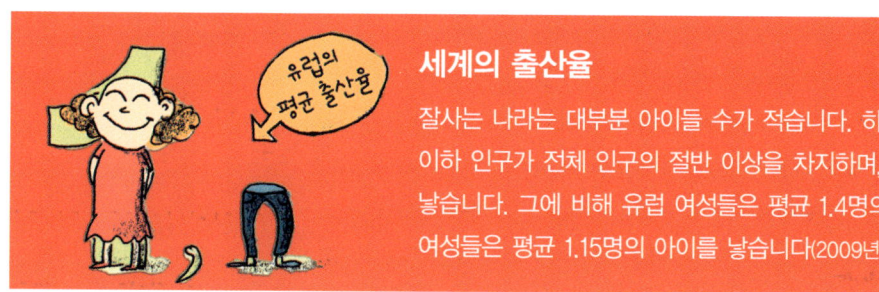

세계의 출산율

잘사는 나라는 대부분 아이들 수가 적습니다. 하지만 최저개발국에서는 17세 이하 인구가 전체 인구의 절반 이상을 차지하며, 여성들이 평균 5~6명의 아이를 낳습니다. 그에 비해 유럽 여성들은 평균 1.4명의 아이를 낳습니다. 우리나라 여성들은 평균 1.15명의 아이를 낳습니다(2009년 통계청 발표).

지구가 부유해져도 모두가 잘살게 되지는 않아요

불평등은 단순히 부자와 가난한 사람의 빈부 격차만을 의미하지 않습니다. 불평등은 사람들이 부를 나누는 방식에서도 쉽게 볼 수 있습니다. 분명한 것은 사람들이 서로 나누어 갖기를 좋아하지 않는다는 것입니다.

북반구와 남반구 사이의 불평등은 갈수록 심해지고 있어요

지난 반세기 동안 빈곤층(가난하여 살기 어려운 계층)은 크게 줄었습니다. 하루 1달러 이하로 생활하는 사람들의 수는 1950년에는 전체 인구의 55퍼센트를 차지했으나, 2008년에는 18퍼센트로 크게 줄어들었습니다. 중국과 인도 그리고 브라질에서 수백만 명에 달하는 사람들이 가난에서 벗어났지요. 그러나 아프리카 사람들의 생활 조건은 거의 달라지지 않았습니다. 부유한 사람들은 더욱 부자가 되었고, 가난한 사람들은 더욱 가난해졌습니다. 1870년에 가장 부유한 선진국 국민들이 벌어들인 수입은 가장 가난한 나라의 국민들이 벌어들인 수입보다 9배 정도 많았습니다. 그런데 이 격차는 이제 더 심해졌습니다. 2008년에 미국인이나 일본인은 차드나, 에티오피아 사람들보다 평균 42배에 달하는 돈을 벌어들였습니다.

한 나라 안에도 불평등이 있어요

브라질의 최대 상업 도시인 상파울루에서는 대기업 임원들이 교통 혼잡을 피하기 위해 개인 전용 헬리콥터를 이용합니다. 반면 지저분하고 폭력이 난무하는 빈민굴에서는 무수히 많은 가난한 사람들이 살고 있습니다. 그 사람들은 가장 부유한 사람들이 11일 만에 버는 돈을 1년 동안 벌지요.
부르키나파소에서는 고위 공무원이 가벼운 알레르기를 치료받으러 가기 위해 비행기를 탑니다. 반면 낙후된 지역의 가난한 주민들은 약을 사러 시내에 나갈 돈조차 없습니다. 사회적 불평등이 가장 심한 곳은 라틴 아메리카와 아프리카입니다. 최근 몇 년 동안 사회적 불평등은 세계 곳곳에서 놀라울 정도로 크게 확대되고 있습니다. 예를 들어 프랑스에서는 부유세(ISF, 재산을 77만 유로 이상 가지고 있는 사람에게 부과되는 세금)를 내는 사람들의 수가 2003년에서 2008년 사이에 두 배로 증가한 반면, 빈곤층은 백만 명이나 늘어났습니다.

부의 분배가 가장 중요해요

불평등은 단순한 빈부 차이가 아닙니다. 부의 분배가 불평등하게 이루어지고 있기 때문에 일어나는 현상입니다. 그리고 불평등한 부의 분배는 한 나라 안에서 그치지 않고, 나라 사이에서도 일어납니다. 국제연합은 인류 역사상 지금처럼 불평등이 심했던 적은 없다고 합니다. 세계 인구의 20퍼센트가 세계에서 생산되는 부의 80퍼센트를 독차지하고 있으며 에너지의 60퍼센트를 사용하고 있습니다. 반면 가난한 나라에 사는 10억 명에 달하는 사람들은 세계 수입의 1퍼센트를 놓고 다투고 있는 실정입니다.

부유한 선진국에도 가난이 있어요

개발도상국에서는 한 달에 30달러를 벌면 가난하다고 합니다. 서구 국가에서는 소득이 국가 평균 소득의 절반에 미치지 못하는 경우를 가난하다고 합니다. 유럽 사람 여섯 명 가운데 한 명이 **빈곤선*** 이하의 돈으로 생활하고 있습니다. 특히 동유럽 국가에서는 집이 없거나, 먹을 것이 없어 끼니를 거르는 일이 많습니다. 러시아 사람들은 수입의 절반을 식비로 쓰고 있습니다. 하지만 대부분의 선진국에서는 먹는 데 드는 비용이 수입의 5분의 1을 넘지 않습니다. 수입의 나머지는 여가 활동이나, 교육, 주택 마련 등에 쓰입니다. 하지만 수입이 적으면 대부분 식비로 돈을 쓰지요. 교육이나 주택 마련은 꿈도 꿀 수 없게 됩니다. 끼니를 때우고 나면 남는 돈이 거의 없기 때문입니다. 이렇게 교육 기회가 줄어들면 빈곤이 대물림될 확률이 높습니다.

점점 늘어나는 기아와 비만

1990년 영양 결핍 인구는 전 세계적으로 7억 4천2백만 명에 달했습니다. 그리고 2008년에는 9억 6천3백만 명으로 늘어났습니다. 대부분 남반구 농민들이 이런 어려움에 처해 있습니다. 또 중국이나 인도와 같은 신흥공업국에서도 여전히 많은 사람들이 배고픔에 시달리고 있습니다. 그런데 15억 명이나 되는 사람들이 비만으로 고통받고 있습니다.

엄청나게 벌어진 빈부 격차
국제연합개발계획에 따르면, 세계에서 가장 부유한 500명의 사람들이 가장 가난한 사람 4억 천6백만 명이 버는 돈을 벌고 있다고 합니다.

열악한 전기와 수도 시설 그리고 통신 수단

현재 세계 인구의 4분의 1이 전기가 들어오지 않아, 전등이나 냉장고는 물론, 텔레비전도 보지 못한 채 살고 있습니다. 대부분 아프리카와 남아시아에 살고 있는데 그 숫자는 10억 명에 달합니다. 이 사람들은 식수마저 공급받지 못하고 있습니다. 잘사는 나라에서는 인구의 절반에 달하는 사람들이 인터넷을 이용합니다. 반면 마그레브(아프리카 북서부 지역) 지방이나 남아프리카에서는 5퍼센트의 사람들만이 인터넷을 사용합니다. 게다가 남반구에 있는 몇몇 나라에서는 주민 100명이 하나의 전화선을 이용하고 있습니다. 하지만 이런 어려움은 어느 정도 해소되었습니다. 아프리카 사람의 40퍼센트가 휴대 전화를 가지고 있기 때문입니다.

빈곤의 재앙

남반구 나라들에는 대부분 공장이 없습니다. 그래서 선진공업국에 나라 경제를 크게 의존하고 있습니다. 또 토지 분배가 불평등하게 이루어져 있어 많은 갈등을 낳고 있습니다. 이런 문제들은 남반구의 나라를 가난하게 만드는 요인이 됩니다. 그리고 정치적 불안이 이런 상황을 더욱 악화시키고 있지요.

개발도상국의 정치 부패

정부는 국가의 재산을 관리하고 국민들이 그 혜택을 볼 수 있게 해야 합니다. 남반구에는 국제적인 원조를 비롯해 석유, 광물, 금 등 자원을 수출해 버는 돈이 상당합니다. 하지만 돈이 모두 문맹을 퇴치하고 병원을 건설하는 데 쓰이지는 않습니다. 많은 돈이 몇몇 고위 공무원들의 손에 들어가기 때문입니다. 이런 부패는 세계 어느 나라에서나 볼 수 있지만, 특히 개발도상국에서 심합니다.

전쟁이 빈곤을 낳아요

전쟁은 사회적으로 상당히 나쁜 영향을 미칩니다. 바로 옆에서 가족이 죽는 모습을 보거나 심한 공포에 시달렸던 사람, 그리고 부모를 잃은 아이들은 오랫동안 정신적 고통에서 벗어나지 못합니다. 그리고 전쟁이 끝나면 학교, 병원, 도로, 관공서, 주택 등 모든 것이 무너지고 불에 타 버린 나라를 다시 일으켜 세우는 일을 해야 합니다. 매년 지구상에서 천억 달러 이상의 돈이 전쟁으로 파괴된 나라의 여러 시설을 다시 세우는 데 쓰입니다. 이 액수는 국제 사회가 매년 개발도상국들에 원조해 주는 금액과 맞먹습니다.

자원의 가격을 뉴욕 증시가 결정해요

개발도상국은 경제의 대부분을 농업과 석유, 가스, 금속 등 주로 광물 자원에 의지하고 있습니다. 기술도 없고 공장도 없는 개발도상국은 이런 자원을 활용하지 못하고 그대로 선진국에 수출하기만 합니다. 그런데 놀라운 것은 자원의 가격을 파는 사람들이 결정하는 게 아니라 사는 사람들이 결정한다는 사실입니다. 자원의 가격은 뉴욕이나 런던 주식 시장의 주가에 따라 한자리 수에서 그 배까지 오르내립니다. 그래서 많은 자원을 가지고 있어도 늘 불이익을 당할 수밖에 없습니다.

서양의 선진국들이 식량을 지배했어요

20년 전부터 서양의 선진국들은 남반구의 나라에 카카오, 커피, 땅콩, 목화 등을 재배하면 큰돈을 벌 수 있다는 인식을 심어 주었습니다. 다시 말해 자기 나라에서 재배할 수 없는 이런 농산물을 재배하면 모두 사겠다는 뜻을 보인 것이지요. 그 결과 남반구의 나라들은 저마다 특산물을 재배하기 시작했습니다. 코트디부아르는 카카오, 브라질은 콩, 태국은 쌀, 기니는 캐슈너트를 재배했지요. 이러다 보니 영양 공급에 꼭 필요한 보리, 콩, 조, 수수, 옥수수 같은 식량이 될 만한 농사는 거의 포기하고 말았습니다. 결국 선진국에 작물을 수출한 돈으로 다시 선진국으로부터 터무니없이 비싼 가격에 식량을 수입하게 되는 웃지 못할 상황에 이르렀습니다. 2007년 세계 시장에서 농산물 가격이 크게 오르자, 남반구의 30여 나라에서 폭동이 일어났습니다. 사람들이 먹을 것을 구하기 위해 슈퍼마켓을 부수고 식료품을 훔치는 등 큰 혼란이 일어났지요.

일부 사람들만이 거대한 땅을 소유해요

라틴 아메리카의 농지 면적은 엄청나게 넓습니다. 하지만 불평등한 땅의 분배는 식민지 시대 이후 달라진 것이 없습니다. 거대한 농장을 소수의 부자들이 차지하고 있기 때문입니다. 거대 농장주들은 그 지역에서 필요한 식량을 재배하기보다는 커피나 설탕 등 수출용 작물만을 재배해 많은 이익을 남기고 있습니다. 하지만 수백만 명에 달하는 농민들은 작은 면적의 농지를 경작하고 있습니다. 브라질의 경우 대농장주 1.6퍼센트가 전체 농지의 53퍼센트를 차지하고 있습니다. 그래서 땅이 없는 많은 농민들은 농장에서 보잘것없는 품삯을 받으며 일하거나 도시로 쏟아져 나와 날품팔이를 하며 도시 빈민으로 살아가고 있습니다. 대농장주들의 땅 가운데 실제로 농사를 짓는 땅은 얼마 되지 않습니다. 대부분 놀고 있는 땅입니다. 이런 불평등을 계기로 1985년 브라질에서는 '땅 없는 농업 노동자 운동'이라는 단체가 설립되었습니다. 이 단체는 정부가 대농장주들의 놀고 있는 땅을 사서 가난한 농민들에게 나누어 줘야한다고 주장하고 있습니다.

아직도 손으로 농사를 지어요

전 세계 10억 명의 농부들은 아직도 기계는커녕 비료나 살충제도 없이 오로지 손으로 농사를 짓고 있습니다. 게다가 큰 수확량을 기대하기 어려운 부실한 씨앗을 뿌립니다. 아프리카에서는 100제곱킬로미터의 면적을 경작하는 데 트랙터 13대를 사용합니다. 그러나 선진국의 농부들은 같은 면적을 경작하는 데 434대의 트랙터를 사용합니다. 때문에 아프리카와 선진국은 1헥타르당 수확량이 다섯 배나 차이납니다.

이민자들이 가족에게 돈을 보내요

원자재 수출 다음으로 개발도상국의 큰 수입원은 이민 노동자들이 가족에게 보내 주는 돈입니다. 2008년, 이민자들이 본국에 송금한 돈은 무려 1600억 달러에 달합니다.

가난에서 벗어날 수 있는 단 한 가지 방법, 학교

선진국에서는 아이들이 학교에 가는 게 매우 당연한 일입니다. 하지만 가난한 나라에서는 아이들이 초등학교만 다니는 경우가 많습니다. 교육이야말로 가난에서 벗어날 수 있게 해 주는 가장 좋은 수단입니다. 한 아이가 교육을 받고 성인이 되면 좋은 일자리를 얻을 수 있고, 건강하게 지낼 수 있으며, 더 오래 살 수 있기 때문입니다.

모두에게 무상 교육이 필요해요

학교를 다니지 못하는 아이들의 수는 1999년 9천6백만 명에서 오늘날에는 7천2백만 명으로 줄었습니다. 하지만 여전히 많은 수입니다. 대부분 아프리카나 남아시아의 외딴 지방이나 빈민촌에서 살고 있는 아이들이지요. 교육은 개인이 알아서 하기보다는 정부의 의지가 무엇보다 중요합니다. 누구나 교육받을 수 있는 권리가 있어야 합니다. 하지만 현실은 그렇지 않습니다. 덴마크 정부는 인도네시아 정부보다 평균 아홉 배에 가까운 교육비를 지원합니다. 따라서 덴마크에서는 공부를 하는 데 큰 돈이 들지 않습니다. 하지만 가난한 나라에서는 공부를 하려면 자기가 모든 교육비를 부담해야 합니다. 결국 가난한 나라의 가난한 사람들은 자식의 교육을 포기합니다. 또한 학교와 교사도 부족하고 교실은 아이들로 넘쳐 나지요. 학교에 가더라도 수준 높은 교육을 받기 힘든 형편입니다. 개발도상국에서는 두 명 중 한 명이 초등학교를 졸업하면 학교를 그만둡니다.

교육 기회가 모자란 여자아이들

남반구의 많은 나라에서는 아직도 여자아이들을 학교에 보내지 않습니다. 여자아이는 결혼해서 가족을 돌보면 그만이라고 생각하기 때문입니다. 그래서 여자아이에겐 학교에 보내는 대신 집안일이나 밭일을 시킵니다. 여성 차별이 가장 심한 나라는 남아시아(특히 인도)와 아랍 국가들입니다. 남아시아에서는 학교에 다니지 않는 아이들 가운데 3분의 2가 여자아이입니다. 국제연합은 2015년부터는 모든 아이들이 학교 교육을 받고, 남녀 차별 없이 초·중·고등학교에 다니게 되는 것을 목표로 삼았습니다. 이 목표를 달성하려면 천8백만 명의 교사가 더 필요합니다.

여성 교육이 미래를 보장해요

전 세계 사람들 가운데 7억 7천6백만 명의 사람들이 글을 읽거나 쓰지 못하는데, 그 가운데 3분의 2가 여성입니다. 여러 연구 결과에 따르면 학교 교육을 받은 어머니들이 아이들을 적게 낳고, 더 잘 보살피며, 자녀 교육에 더 많이 투자한다고 합니다. 또 그러한 보살핌을 받은 아이들이 더 좋은 일자리를 얻는다고 합니다. 그리고 그 혜택은 바로 나라 전체가 누리게 됩니다.

학위, 국가 발전의 열쇠

학교에 다니고 있는 아이들의 수뿐만 아니라, 학위(어떤 분야의 학문을 전문적으로 익히고 공부하여 일정한 수준에 오른 사람에게 대학에서 주는 자격)를 받은 청년의 수를 통해서도 국가가 얼마나 발전했는지 측정할 수 있습니다.
남반구와 북반구의 차이는 매우 큽니다. 우리나라는 물론 서양에서는 대부분의 청년이 대학에 다닙니다. 그러나 아프리카나 서남아시아에서는 집이 부유하거나 대도시에 살고 있는 소수(5퍼센트~10퍼센트)만이 대학에 다닙니다. 인도, 브라질, 러시아 같은 신흥국들은 선진국의 교육 수준을 따라잡기 위해 초·중·고등학교와 대학교에 엄청난 비용을 투자하고 있습니다. 그 결과 대학에서 학위를 받은 청년들이 많이 배출되고 있습니다.

남반구에는 많은 의료 혜택이 필요해요

선진국에 사는 사람들은 아프면 당연히 병원에 갑니다. 하지만 어떤 나라 사람들은 아예 아프지 말아야 합니다. 병원, 약, 의료진이 턱없이 부족하기 때문입니다. 주민 다섯 명 가운데 한 명은 의료 혜택을 받지 못합니다. 이런 나라들은 **사회보장제도***가 거의 없습니다. 아프리카 사람들은 열 명 가운데 여섯 명이 자기가 모든 치료비를 부담해야 합니다.

가장 중요한 건 정부의 의료 정책

여성이 아이를 낳을 때 사망하는 일은 대부분 개발도상국에서 일어납니다. 그리고 5세 이하의 어린이 2만 6천 명이 오염된 물 때문에 목숨을 잃고 있습니다. 위생 상태가 나쁜 데다 가까운 곳에 의료 시설이 없기 때문입니다. 하지만 가난한 나라 사람들이라고 해서 모두 건강이 나쁜 것은 아닙니다. 교육과 마찬가지로 의료도 정부의 의지가 중요합니다. 쿠바, 코스타리카, 이란과 같이 소득이 낮은 몇몇 나라에서는 정부가 곳곳에 무상 의료 센터를 설치해 많은 사람들이 의료 혜택을 받을 수 있게 했습니다. 이제 이 나라 사람들의 평균 수명은 잘사는 나라의 평균 수명에 가까워지고 있습니다.

사회적 불평등이 목숨을 앗아가요

잘사는 나라에서도 평균 수명은 크게 차이 납니다. 2008년 '세계보건기구'(WHO)*가 발표한 내용에 따르면, 스코틀랜드 글래스고의 가난한 교외에서 태어난 아이는 13킬로미터 떨어진 좋은 동네에서 태어난 아이보다 평균 수명이 28세나 낮다고 합니다. 미국에서는 약 4천7백만 명에 달하는 빈곤층이 의료 보험에 가입하지 않아서 아파도 치료를 받을 수가 없습니다. 세계 1위 경제 대국에서 의료 혜택을 받지 못하는 사람들이 이렇게 많다는 게 놀라울 뿐입니다.

에이즈, 모두를 위해 빨리 퇴치해야 해요

전 세계에 에이즈 환자는 약 3천3백만 명 정도입니다. 대부분 아프리카 사람들이지요. 농사를 지어야 하는 성인들이 에이즈로 목숨을 잃게 되면 농지가 버려지고, 아이들은 고아가 됩니다. 아프리카에만 부모 잃은 아이들 수가 무려 천2백만 명에 달합니다. 이런 나라에서는 에이즈 치료약인 항레트로바이러스제가 있어도 너무 비싸 쓸 수도 없는 형편입니다. 그런데 최근 인도와 브라질에서 약효는 똑같지만 10배나 싼 항레트로바이러스제가 개발되어 에이즈 환자들에게 새로운 희망을 안겨 주고 있습니다.

아직도 무서운 질병, 말라리아

오늘날 말라리아(말라리아 모기에 물려서 감염되는 전염병으로, 고열이 나며 설사와 구토, 발작 등을 일으킨다)는 유럽에서 사라졌습니다. 그러나 세계 인구의 약 절반이 아직도 말라리아로 고통받고 있습니다. 말라리아를 치료할 수 있는 약이 있지만 아프리카에서는 30초마다 한 명의 아이가 말라리아로 죽고 있습니다. 2008년, 국제연합에서는 말라리아를 퇴치하기 위한 대대적인 계획을 세웠습니다. 아프리카를 비롯한 말라리아 위험 지역에 치료약 및 모기장, 살충제 등을 보급했으며, 백신 연구에도 박차를 가했지요. 그 결과 많은 사람들이 도움을 받았습니다.

의학이 거둔 대성공, 백신

백신 개발은 의학이 거둔 대성공 가운데 하나입니다. 백신으로 인해 다섯 명 가운데 네 명의 어린이가 영아기에 걸릴 수 있는 **디프테리아***, 소아마비, 파상풍, 결핵, **백일해*** 등과 같은 주요 질병을 예방할 수 있게 되었습니다. 1979년 세계보건기구는 천연두가 없어졌다고 발표했습니다. 백신 접종의 커다란 성과였지요. 소아마비는 아직 몇몇 나라에 남아 있지만 이제 곧 사라질 것입니다. 그리고 2012년에는 파상풍도 사라질 것입니다.

세계 인구의 절반이 오염된 물로 생활해요

가난한 나라에서 발생하는 대부분의 질병은 오염된 물 때문입니다(말라리아, 콜레라, 장티푸스 등). 해마다 3백만 명의 사람들이 이런 질병으로 너무나 일찍 목숨을 잃고 있습니다. 현재 세계 인구의 절반은 상수도 시설이 없는 곳에서 생활하고 있습니다. 게다가 사용한 물을 어떤 처리 과정도 거치지 않은 채 자연에 흘려 보내고 있습니다.

비행기 표를 사면 가난한 사람들을 도울 수 있어요

프랑스와 브라질의 주도로 2006년에 설립된 '국제의약품구매기구'(UNITAID)는 각 나라들에 '항공권 연대기여금(국제빈곤퇴치기여금)'을 도입할 것을 제안했습니다. 가난한 나라의 사람들이 말라리아와 결핵, 에이즈 치료약을 싸고 손쉽게 구입할 수 있도록 비행기 표 한 장에 일정 금액을 부과하자는 것이었지요. 현재 우리나라, 프랑스, 칠레, 요르단 등 25개국에서 이 기금을 채택했습니다. 예를 들어 프랑스에서는 표 한 장당 2유로를 부과하고 있으며, 우리나라에서는 국제선 표 한 장당 천 원을 부과합니다. 이 기금으로 벌써 에이즈 바이러스에 감염된 10만 명 이상의 아이들을 치료했습니다.

할머니를 위한 일자리가 생겼어요

남아프리카의 몇몇 나라에서는 에이즈가 기승을 부려 할머니들이 고아가 된 손자들을 돌봅니다. '국제연합아동기금'(Unicef)*은 그 할머니들을 돕기 위해 '그랜드마더(Grandmother, '할머니'라는 뜻)'라고 하는 프로그램을 시작했습니다. 그 결과 요하네스버그에 있는 '고고 그라니('가자 할머니'라는 뜻)' 같은 공동 작업장이 12개국에 설립되었지요. 할머니들은 공동 작업장에서 바느질을 해서, 어린 손자들을 먹이고 입히며 학교에 보낼 돈을 법니다.

가난에서 벗어나기 위하여

최근 10년 동안 이룬 경제 성장 덕택에 수백만 명의 사람들이 일자리를 얻어 가난에서 벗어나게 되었습니다. 그러나 동시에 가난한 노동자의 수가 늘어났으며 노동자들 사이의 임금 격차는 더욱 커졌습니다.

임금이 수백 배나 차이 나요

고대 그리스의 철학자 플라톤은 제자 아리스토텔레스와 토론에서 돈을 가장 잘 버는 사람들은 가장 못 버는 사람들보다 네 배 이상 벌 것이라고 말했습니다. 그 당시에 네 배 정도면 큰 차이였나 봅니다. 하지만 이제 플라톤의 말은 더 이상 맞지 않습니다. 1980년에 미국 대기업의 사장은 노동자보다 20배나 많은 돈을 벌었고, 1995년에는 85배, 2000년에는 531배에 달하는 돈을 벌어들였으니까요!

임금 격차는 계속해서 커지고 있어요

역사상 지금처럼 임금 격차가 큰 적은 없었습니다. 대기업이 벌어들인 수익은 노동자에게 공평하게 분배되지 않고 있습니다. 예를 들어 프랑스에서 가장 부유한 35만 가구의 소득은 1998년부터 2005년 사이에 프랑스 평균 소득보다 3배나 더 빠르게 증가하였습니다. 그리고 임금 규모가 크면 클수록 임금 상승 폭도 더 커졌습니다. 서양의 선진국들은 물론이고 우리나라도 이런 임금 격차를 보이고 있습니다.

가난한 노동자가 점점 많아져요

전 세계의 수백만 명에 달하는 사람들이 일자리가 있는데도 가난에서 벗어나지 못하고 있습니다. 임금이 너무 적기 때문입니다. 아프리카에서는 노동자의 절반 이상이 이런 형편입니다. 대부분 소규모 생산자들이나 농업에 종사하는 노동자들입니다. 유럽에서는 노동자의 8퍼센트가 빈곤선 이하의 임금을 받고 있습니다. 보통 슈퍼마켓에서 일하는 계산원과 같이 특별한 기술이 없는 노동자들이나 비정규직 근로자들이지요. 또 이민 노동자와 학위를 갖지 못한 청년 그리고 여성들도 이런 노동자에 속합니다. 우리나라는 일곱 명 가운데 한 명이 소득 빈곤층입니다(2003년 기준, 보건복지부 발표).

가난한 사람들을 위한 은행이 생겼어요

가난한 사람들이 은행에서 돈을 빌릴 수 있는 방법은 거의 없습니다. 이런 현실을 안타깝게 여긴 방글라데시의 경제학자 무하마드 야누스 교수는 1976년 최초로 '가난한 사람들을 위한 은행'인 그라민은행을 설립했습니다. 그라민은행은 **보증***이나 **담보***없이 적은 액수의 돈을 빌려 주어 가난한 사람들이 창업을 할 수 있게 해 주었지요. 이후 이런 은행은 80개국이 넘는 나라로 퍼져 나갔습니다. 우리나라는 물론 미국, 프랑스 같은 잘사는 나라까지도 퍼져 나갔지요. 약 2억 명에 달하는 사람들이 그라민은행의 혜택을 받았습니다. 그 가운데 힘없고 가난한 많은 여성들이 경제적으로 독립할 수 있게 되었습니다. 그라민 은행의 이윤은 상수도 및 병원 건설과 같은 사회 사업에 투자되고 있습니다. 2006년 무하마드 야누스 교수는 노벨 평화상을 받았습니다.

임금이 더 적은 여성들

대학을 졸업하고 활동적인 삶을 사는 여성의 수는 점점 많아지고 있습니다. 그러나 여전히 여성들은 기술이 필요 없는 일이나 시간제 노동에 종사하는 경우가 많으며, 똑같은 일을 해도 남성보다 적은 임금을 받습니다. 현재 10억 명에 가까운 여성이 불안정한 직업을 갖거나 임시직에 종사하고 있습니다.

불평등에 대한 세계적인 불만

유럽 사람들의 대다수는 불평등이 너무 심하다고 생각합니다. 그래서 소득이 높은 사람들에게 세금을 더 높게 매길 것을 요구하고 있습니다. 미국과 일본은 물론 우리나라도 이런 상황에 놓여 있습니다.

노동자로 일하는 어린이들

가난한 나라의 어린이들은 대개 가게의 종업원이나 구두닦이 또는 쓰레기를 줍거나 농사일을 합니다. 초등 교육을 받아야 할 약 1억 9천 명에 달하는 아이들이 생계를 위해 일하고 있습니다. 2008년, 세계 대부분의 나라들이 어린이 노동을 금지하기로 약속했습니다. 하지만 가난한 집에서는 다른 선택이 없습니다. 한때 어린이 노동자 수가 많았던 터키, 모로코, 태국 등이 최근 어린이 노동자의 수를 줄이는 데 성공했습니다. 먼저 아이들이 일을 하지 않아도 그 가정이 먹고살 수 있게 생활 환경을 개선시켜 주자 자연스럽게 아이들이 노동에 시달리지 않고 학교에 다니게 되었습니다. 단순히 어린이 노동을 금지시키는 것만으로는 이 문제를 해결할 수 없습니다. 이렇게 생활 환경을 함께 개선시켜 주어야만 해결할 수 있습니다.

늘어나는 도시 인구

1900년에는 인구 열 명 가운데 한 명이 도시에 살았습니다. 하지만 오늘날에는 두 명 가운데 한 명이 도시에 삽니다. 환경 오염과 높은 생활비, 그리고 불안정한 생활에서 오는 여러 가지 문제에도 불구하고 사람들은 대도시로 몰려들고 있습니다. 대도시에 가야 일자리를 찾고, 더 나은 미래를 보장받을 수 있다고 생각하기 때문입니다.

'모든 길은 도시로 통한다'

가난한 나라에서는 약 5백만 명에 달하는 사람들이 매달 도시로 이주해 옵니다. 점점 가난해지는 농촌 현실과 전쟁 때문입니다. 수단, 콩고, 앙골라의 수천 명에 달하는 농민들은 전쟁을 피해 도시로 이동할 수밖에 없습니다.

빈민촌에 사는 10억 인구

도시로 이주한 사람들은 비싼 집값 때문에 재활용품이나 고철을 이용해서 집을 짓습니다. 브라질의 옛 수도인 리우데자네이루에는 '파벨라(언덕 위에 자라는 꽃의 이름)'라고 하는 빈민촌이 언덕배기에 쭉 펼쳐져 있습니다. 인도의 뭄바이에는 빈민촌이 철길을 따라 길게 늘어서 있으며, 캄보디아의 도시 프놈펜에는 아파트 옥상 위에 빈민촌이 들어섰습니다. 빈민촌 사람들은 상수도 시설도 없는 끔찍한 환경에서 극도로 빈곤한 삶을 살아가고 있습니다. 이런 환경 때문에 많은 사람들이 전염병에 시달리고 있습니다.

점점 빈민촌으로 변해 가는 도시

개발도상국에서는 주민 세 명 가운데 한 명이 빈민촌에 살고 있습니다. 2030년이 되면 빈민촌에 사는 사람의 수는 배로 늘어날 것입니다. 일자리도 없고 농사만으로는 먹고 살기가 힘들기 때문에 농촌을 떠나 도시로 몰려드는 것입니다. 그러자 여러 가지 문제가 생겨나기 시작했습니다. 주택, 공공시설, 일자리, 학교, 교통 문제 등 도시는 갑자기 몰려든 사람들을 감당하지 못한 채 몸집만 불려가고 있습니다. 결국 세계 여러 도시들이 점점 빈민촌으로 변해 가고 있습니다. 라틴 아메리카의 한 대도시는 호화 주택가 주변에 도시 빈민들이 하나둘 모이더니 어느새 그 주변을 둘러싸게 되었습니다. 그러자 부자들은 그 경계에 높은 담을 쌓고 사설 경비원들을 배치해 빈민촌 사람들을 범죄자처럼 감시하고 있습니다. 중국 상하이의 신흥 부자들은 고층 아파트에 사는 반면, 농민공(시골에서 온 농민 출신의 노동자)은 공사 현장 옆에 있는 공동 침실에서 살고 있습니다. 이 침실에는 개인용 서랍장과 식기가 있을 뿐입니다.

점점 늘어나는 거대 도시

앞으로 15년 안에 인구가 8백만 이상 되는 **거대 도시***가 33개에 이를 것입니다. 이 가운데 27개가 개발도상국에 생길 것입니다. 전 세계에 필요한 집을 모두 지으려면 25년 안에 시간당 4000채씩 지어야 합니다.

세계는 하나의 거대한 마을

1980년 이후 상품은 전세계 곳곳을 자유롭게 넘나들고 있습니다. 세계가 하나의 시장이 되어 버린 것입니다. 이런 현상을 '세계화'라고 합니다. 이제 중국에서 만든 양말이 가봉에서 팔리고, 뉴질랜드에서 생산된 양모가 프랑스에서 팔리며, 대한민국에서 만든 텔레비전이 일본에서 팔리고 있지요. 세계는 이제 모두에게, 아니 '거의' 모두에게 열려 있는 커다란 시장이 되었습니다. 거의 모두에게 열려 있다고 한 것은 모든 나라에게 똑같이 열려 있지 않기 때문입니다.

세계화, 그것은 곧 무역 전쟁을 뜻합니다!

1981년 미국에서 로널드 레이건이 대통령이 되고, 1979년 영국에서 마거릿 대처가 총리에 임명되면서 '신자유주의'가 출현했습니다. 두 나라 모두 경제난을 해소하기 위한 선택이었지요. 그동안 정부는 경제 활동에 여러 가지 간섭을 해왔습니다. 예를 들어 어떤 기업의 경제 활동이 다른 사람들의 생계를 위협할 경우 정부가 제재를 가하기도 했습니다. 하지만 이런 간섭과 제재가 경제 활동을 위축시킬 수 있는데다 당시 경제 상황이 좋지 않았습니다. 무언가 새로운 길을 개척할 필요가 있었습니다. 그래서 정부가 간섭을 자제하고 '자유로운 경쟁'을 통해 시장이 자연스럽게 굴러가게 하자는 신자유주의가 나타난 것입니다. 하지만 이처럼 자유로운 경쟁만을 강조하면 힘이 있는 사람만 잘 사는 사회가 될 수 있다는 우려가 있습니다. 모두가 잘 사는 사회가 되려면 정부가 규제나 간섭을 통해 약한 사람들을 보호해 주어야 합니다. 그런데 신자유주의와 함께 자유무역 바람이 거세게 몰아쳤습니다. 1979년 중국 공산당 또한 자본주의에 문을 열었습니다. 그리고 10년 후 베를린 장벽이 무너지며 소련과 함께 공산주의가 사라지게 되었습니다. 그때부터 국경이 열렸습니다. 그러자 나라와 나라 사이의 무역에도 신자유주의 바람이 불었습니다. 모든 나라가 무역의 걸림돌을 없애고 자유롭게 경쟁하는 '자유무역'을 하자는 것이지요. 그동안 각 나라들은 수입품에 관세(국제 무역에서 교역되는 상품에 부과되는 세금)를 매겨 자기 나라 산업을 보호했습니다. 이렇게 하면 수입품 가격이 비싸져서 자연스럽게 국산품을 더 많이 이용하기 때문이지요.

이제 전세계는 자유무역의 흐름을 거스를 수 없게 되었습니다. 상품 뿐만 아니라 사람과 돈까지 정부의 간섭을 받지 않고 전세계를 자유롭게 넘나들고 있습니다. 인터넷은 각종 정보를 실어 나르고, 지구의 반대편에 돈을 보낼 수 있게 해 줍니다. 세계 무역은 1979년에서 2007년 사이에 여섯 배나 늘어났습니다. '글로벌화'라고도 불리는 이 세계화는 거대한 '무역 전쟁'을 일으키고 있습니다.

몇몇 강대국들만 이익을 가져가요

세계를 열려 있는 거대한 하나의 시장으로 만드는 것은 모두에게 좋은 일입니다. 하지만 그것은 모든 나라가 사고팔 물건과 기술력이 충분할 때의 이야기입니다. 아무리 세계 시장이 개방되어도 가난한 나라는 팔 물건이 없습니다. 결국 경쟁력 있는 은행과 기업을 가지고 있는 강대국이 대부분의 이익을 가져갈 것입니다. 현재 유럽연합과 북아메리카(미국, 캐나다, 멕시코 등), 그리고 아시아의 몇몇 나라(중국, 일본, 인도 등)가 세계 무역의 대부분을 차지하고 있습니다. 나머지 나라들은, 즉 세계 인구의 대부분은 금속이나 목재, 설탕, 커피, 석유와 같은 원자재를 수출하는 것으로 만족해야 합니다. 원자재를 가공하여 또 다른 상품을 만들어야 돈을 벌 수 있지만 가난한 나라는 그럴 만한 기술이 없습니다. 결국 이 원자재로 돈을 버는 것은 선진국입니다. 게다가 원자재 값도 선진국이 결정하지요.

부유한 나라들이 원칙을 지키지 않아요

아프리카와 남아메리카 시장에는 부유한 나라의 상품들이 시장을 가득 채우고 있습니다. 하지만 부유한 나라들은 남반구에서 들어오는 상품에 아주 높은 관세를 적용해 자기 나라의 시장을 보호합니다. 때문에 남반구는 북반구에 상품을 수출하는 일이 어렵습니다. 그럼 남반구 나라들도 북반구 나라 상품에 높은 관세를 매기면 되지 않을까요? 하지만 현실은 그렇게 간단하지 않습니다. 국제 정치는 힘의 논리가 작용하기 때문입니다.

세계화의 상징, 컨테이너

'상품을 상자 속에 넣는 것'이 국제 무역에 혁신을 일으켰습니다. 보다 많은 물건을 한꺼번에 옮길 수 있기 때문이지요. 1992년만 하더라도 컨테이너를 실은 배는 2천 척이었으나 2006년에는 그 세 배가 되었습니다. 크기가 너무나 커서 파나마 운하를 통과하지 못할 만큼 거대한 배들도 많이 생겼습니다. 이런 배들은 길이가 300미터를 훌쩍 넘고, 만 개가 넘는 컨테이너를 실어 나를 수 있으며, 세계 모든 시장에 상품을 공급할 수 있습니다.

새로운 거인, 중국과 인도

'아시아의 네 마리 용'과 '아시아의 다섯 마리 호랑이'가 나온 이후, 인도와 중국을 가리키는 새로운 단어인 '친디아(Chindia)'가 생겨났습니다. '21세기에 세계 경제를 주도해 나갈 두 나라'라는 뜻이지요. 세계 인구의 3분의 1이 살고 있는 이 거대한 두 나라는 20년 안에 새로운 강대국으로 자리 잡게 될 것입니다.

세계의 공장

중국은 1978년 세계 시장에 자신들을 개방한 이후 세계에서 두 번째 가는 무역 강국이 되었습니다. 중국은 세계에서 사용하고 있는 직물과 장난감의 4분의 3을 생산하고 있으며, 노트북의 절반을 생산하고 있습니다. 인구가 13억 명에 달하는 중국은 값싸고 풍부한 노동력을 가지고 있습니다. 이를 바탕으로 서양의 항공 및 자동차 공장을 비롯한 수많은 공장을 중국으로 끌어들이고 있지요. 그래서 서양의 많은 기업들은 중국에 공장을 짓고 있습니다.

세계의 사무실

인도는 불과 15년도 안 되는 시간 만에 정보 통신 소프트웨어 분야에서 미국과 대등하게 경쟁할 수 있게 되었습니다. 어떻게 이런 일이 가능했던 것일까요? 세계적인 수준의 기술자와 우수한 대학, 그리고 서양의 선진국들보다 5~10배 정도 낮은 임금이 성공의 요인입니다. 인도의 첨단 산업 도시인 방갈로르(인도 카르나타카 주에 있는 도시)에는 오늘날 전 세계 여러 나라 기업의 정보 통신 분야 연구소가 수없이 많이 모여 있습니다. 인도에서는 저렴한 인건비로도 우수한 정보 통신 분야의 인재를 고용할 수 있기 때문입니다.

중국과 인도의 어두운 그림자, 빈부 격차

인도와 중국은 기적 같은 경제 발전을 이루었지만, 여전히 문맹률도 높고 빈민층도 많습니다. 두 나라 모두 도시에 사는 사람과 인구의 대부분을 차지하는 농민 사이의 격차가 점점 심해지고 있습니다. 중국 농민은 비좁은 땅에 농사지어 힘겹게 살아가고 있지만, 상하이나 베이징에 사는 기술자와 고위 간부들은 비싼 차를 굴리고 술집에도 자주 드나듭니다. 인도도 농촌에 사는 사람들은 최저개발국의 국민들과 비슷한 수준의 생활을 하고 있습니다. 아이 두 명 가운데 한 명이 배고파도 음식을 먹지 못할 정도이지요.

아프리카를 노리는 중국

중국이 계속해서 경제를 성장시키기 위해서는 엄청나게 많은 원자재가 필요합니다. 그래서 아프리카에 눈독을 들이고 있습니다. 특히 광물과 석유 자원이 풍부한 앙골라, 수단, 남아프리카 공화국에 관심이 많지요. 이미 80만 명 이상의 중국인들이 아프리카 대륙에서 일하고 있습니다. 주로 잠비아와 콩고에서 구리와 코발트를 채굴하고, 짐바브웨에서는 크롬과 백금을 채굴하고 있습니다. 또 가봉과 카메룬에서는 목재를 어마어마하게 사들이고 있습니다. 한편, 아프리카 시장에는 중국에서 만든 티셔츠를 비롯해 여러 제품이 넘쳐납니다. 게다가 중국은 수단이나 짐바브웨의 독재 정부에 무기를 팔기도 합니다. 또 자기 나라의 값싼 노동력을 바탕으로 아프리카 정부와 계약을 체결하여, 건물과 전기 시설 및 도로 등 건설 사업에 뛰어 들고 있습니다.

서양의 여러 나라가 자기들의 옛 식민지인 아프리카 땅에서 떠나지 않으려고 안간힘을 쓰고 있습니다. 아직도 가져갈 게 많기 때문입니다. 하지만 중국은 머지않아 서양보다 아프리카에서 훨씬 더 큰 영향력을 행사하게 될 것입니다. 2000년 이래 중국과 아프리카 사이의 무역은 10배나 증가하였습니다.

대식가 중국

현재 중국은 세계 구리 소비량의 25퍼센트, 석탄 40퍼센트, 강철 35퍼센트, 석유 10퍼센트를 소비하고 있습니다. 중국은 조만간 온실 효과의 주범인 이산화탄소를 미국보다 더 많이 배출하게 될 것입니다.

점점 많아지는 백만장자들

세계의 백만장자 수는 점점 늘어나고 있습니다. 20년 전에는 140명에 불과했지만, 2009년에는 793명으로 늘었습니다. 대부분 미국, 유럽, 일본 사람인데 최근 중국, 인도, 러시아의 대기업 회장들이 가세하고 있습니다.

어떤 사람의 행복은 다른 사람의 불행

대기업의 목적은 물건을 싸게 팔아 많은 돈을 버는 것입니다. 그래서 최소한의 비용을 들여 물건을 생산하려고 하지요. 그걸 위해서라면 전 세계 노동자들을 착취하는 걸 주저하지 않습니다.

세계의 새로운 주인, 다국적 기업

코카콜라, 나이키, 마이크로소프트, 토탈피나엘프(프랑스의 정유회사), 다논(프랑스의 식품 회사) 등 서양의 거대 기업들이 주요 사업을 개발도상국으로 옮기고 있습니다. 세금이 비교적 적고, 인력이나 원자재가 값싸고 풍부하기 때문입니다. 다국적 기업들은 이렇게 상품의 시장과 생산 비용을 고려하여 공장을 다른 나라로 옮기고 있습니다. 그리고 생산 비용을 줄이기 위해 자주 원자재 가격을 멋대로 조정하고, 가난한 나라의 부를 빼앗으며, 노동자들을 착취하고 있습니다. 이런 기업의 수는 15년 만에 두 배로 늘어났습니다. 최근에는 인도, 중국, 러시아, 브라질의 다국적 기업도 이 경쟁에 뛰어들었지요.

남반구의 노동자가 북반구의 노동자를 '해고'해요

남반구의 나라들은 북반구의 나라들보다 인건비가 훨씬 쌉니다. 그래서 다국적 기업들이 공장을 북반구에서 남반구로 옮기는 일이 점점 늘어나고 있습니다. 결국 인도, 브라질, 중국, 모로코의 노동자들이 일자리를 얻는 반면, 독일, 프랑스, 스페인의 노동자들은 일자리를 잃고 있습니다. 이런 현상은 우리나라에서도 흔히 일어납니다. 우리나라의 많은 공장들이 중국이나 베트남으로 옮겨 가면서 많은 사람들이 일자리를 잃었지요. 특별한 기술이 없는 사람이나 나이가 많은 사람들이 일자리를 잃고 있습니다.

북반구의 농부 때문에 남반구의 농부가 망해요

서양의 많은 나라들은 자기 나라 농부들에게 보조금을 줘서 곡물이나 육류, 목화, 설탕을 남반구에 싸게 팔 수 있게 해 줍니다. 이런 값싼 서양의 농산물이 남반구에 밀려오면, 정부의 보조금을 받지 못하는 가난한 남반구의 농부들은 무리를 해서라도 농산물 가격을 내려야 합니다. 그러다 오래 버티지 못하고 파산하고 맙니다. 결국 남반구의 농업은 붕괴되고 많은 농부들이 빈곤층으로 전락하게 되지요. 하지만 경쟁에서 이긴 서양의 농부들은 이제 가격을 서서히 올리며 더 많은 부를 쌓아갑니다. 개발도상국 정부는 이에 대해 항의하지만, 미국과 유럽은 자기 나라의 농부에게 계속해서 보조금을 주고 있습니다.

새롭게 나타난 현대의 식민지 개척자들

인구가 아주 많은데도 농사를 지을 만한 땅이 별로 없다면 그곳에 사는 사람들은 어떻게 먹고 살아야 할까요? 신흥공업국들은 가난한 나라의 특정 지역 전체를 사거나 몇 년 동안 빌려 이런 문제를 해결하고 있습니다. 이 새로운 '식민지 개척자'들은 주로 걸프 만(아라비아 반도의 북동쪽, 이란과의 사이에 있는 넓은 만)에 위치한 쿠웨이트, 카타르, 사우디아라비아 같은 나라들입니다. 이 나라들은 석유와 돈은 있지만 물이 부족해 농사를 지을 수 없기 때문입니다.

농지가 부족한 몇몇 이슬람 국가들이 파키스탄에 이미 90만 헥타르의 땅을 샀습니다. 리비아는 우크라이나의 25만 헥타르의 땅을 샀으며, 대한민국은 몽골에 관심을 가지고 있습니다. 땅이 점점 농사를 지을 수 없는 사막으로 변해 가는 중국은 카자흐스탄, 아르헨티나, 쿠바, 필리핀 등 세계 곳곳에 엄청난 땅을 사 두었습니다. 일종의 모노폴리 게임(돈을 의미하는 종잇조각을 주고받으며 땅과 집을 사고파는 보드 게임)이 시작되었습니다. 그리고 그 땅에서 일하는 소작농들은 더욱 힘들어졌습니다.

반비례하는 남반구와 북반구의 실업률

아시아와 라틴 아메리카는 최근 몇 년 동안 공업과 건설, 서비스 분야에서 새로운 일자리의 절반 이상을 만들어냈습니다. 2008년에는 중국인 네 명 가운데 세 명이 일자리를 얻었으며, 브라질에서도 그에 버금가는 사람들이 일자리를 얻었지요. 반면 공장의 수가 줄어들고 있는 유럽에서는 두 명 가운데 한 명이 겨우 일자리를 얻었습니다. 하지만 2009년부터는 남반구도 북반구처럼 실업률이 증가하고 있습니다.

헐값에 팔리는 인력

유럽에서는 노동자의 권리가 존중되며 **노동조합***을 인정하고 있습니다. 아시아의 많은 나라에도 노동자의 권리를 보장하는 법이 있지만 실제로는 잘 지켜지지 않고 있습니다. 2007년 유럽 각국의 노동자 한 명이 받는 시간당 임금은 평균 20유로를 훌쩍 넘었습니다. 하지만 인도나 중국의 노동자들은 시간당 0.03유로에서 0.07유로를 받고 있습니다. 노동 시간 또한 엄청나게 차이 납니다. 유럽 선진국의 노동자는 주당 35시간을 일하는 것에 비해, 인도나 중국의 노동자들은 주당 66시간까지 일하지요(2009년 우리나라의 주당 노동 시간은 약 44시간이며, 시간당 평균 임금은 10,360원). 이런 상황에서 어떻게 건전한 경제 활동이 이루어질 수 있을까요?

희망을 찾아 북반구로 떠나는 이민자들

남반구의 가난과 분쟁, 자연 재해는 점점 더 심해지고 있으며 자기 나라를 떠나는 이민자의 수 또한 꾸준히 늘고 있습니다. 그러나 상품은 세계화를 통해 쉽게 국경을 넘을 수 있지만 사람은 그렇지 않습니다. 북반구 나라들이 남반구에서 오는 이민자들을 규제하고 있기 때문입니다.

북반구로 희망을 찾아 떠나요

가난한 나라의 수많은 사람들은 북반구로 이주해 생활 조건을 개선하고 싶어 합니다. 주로 임금이 높은 나라를 가장 선호합니다. 미국이 가장 가고 싶은 나라이며, 그 다음이 캐나다와 독일, 프랑스이지요. 북반구로 이주한 대부분의 이민자들은 보수 공사나 청소, 건설 노동같이 특별한 자격 없이도 할 수 있는 일을 하게 됩니다. 그러나 첨단 산업이나 신공학 기술, 의료 분야에 종사하는 남반구 이민자들도 점점 늘어나고 있습니다.

신분증을 보여 주시오!

1948년 발표된 세계인권선언에 따르면 사람은 누구나 자신의 나라를 떠날 수 있는 권리가 있습니다. 이에 따라 그동안 미국을 비롯한 유럽의 선진국들은 비교적 이민에 관대했습니다. 하지만 이민자의 수가 날로 증가하면서 선진국들도 실업률이 높아지게 되었습니다. 그러자 자기 나라에 필요한 인력만을 선택적으로 받아들이는 정책을 펼치고 있습니다. 예를 들어 보수 공사나 농업 현장, 건설 현장 등에서 일할 사람들만을 이민자로 받는 것이지요. 주로 자기 나라 사람들이 하기 싫어하는 힘들고, 더럽고, 위험한 일이 대부분입니다. 우리나라도 1960년대에 많은 사람들이 독일에 광부나 간호사로 파견되어 차별과 설움과 외로움을 견디며 일했습니다. 위험한 지하 막장에서 석탄을 캐고, 어린 나이에 눈물을 흘리며 병원에서 시체를 닦았습니다. 이외에도 선진국들은 다양한 방법을 동원해 이민자들의 입국을 가로막고 있습니다. 결국 세계인권선언에 명시된 인간의 권리를 어기고 있는 셈이지요. 이렇게 통제가 심해지자 이따금 이민자들 수십 명이 조각배 하나에 목숨 걸고 바다를 건너 몰래 선진국의 국경을 넘고 있습니다.

남반구에서 빠져나가는 고급 인재들

가난한 나라 출신의 의사, 정보 처리 기술자, 연구원, 대학 교수를 비롯한 백만 명에 가까운 고급 인재들이 선진국에서 일하고 있습니다. 임금이 더 높기 때문입니다. 하지만 남반구의 나라들도 경제 발전을 이루기 위해서는 이런 고급 인재가 필요합니다.

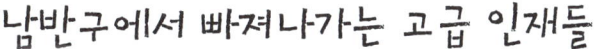

중동과 아시아의 부자 나라로 이주

남반구 사람들이 모두 북반구의 선진국만을 희망하는 건 아닙니다. 걸프 만에 위치한 나라, 그 가운데서도 특히 이주자 비율이 세계에서 가장 높은 쿠웨이트를 비롯해 홍콩과 싱가포르와 같은 아시아의 부유한 나라로도 이주하고 싶어 합니다.

기후와 관련된 불평등

엄청난 양의 온실 가스를 내보내 지구 온난화를 일으키는 나라는 주로 선진국들입니다. 하지만 부유한 선진국들은 지구 온난화의 피해를 별로 받지 않습니다. 정작 지구 온난화에 책임이 거의 없는 가난한 남반구 사람들이 대부분의 피해를 받고 있습니다. 남반구 사람들은 북반구 사람들보다 지구 온난화의 피해를 받을 위험이 79배나 더 높습니다.

자연 재해의 가장 큰 피해자

이상 기후 현상이 날로 늘어나면서 가뭄, 홍수, 열대성 폭풍이 점점 더 심해지고 있습니다. 2000년부터 2004년 사이의 통계를 보면 북반구의 나라는 1500명 가운데 한 명이 피해를 보았습니다. 반면 개발도상국은 19명 가운데 한 명이 피해를 입었지요. 기후와 관련된 불평등은 매우 비극적인 결과를 가져다 주었습니다. 왜냐하면 주로 가난한 나라의 가난한 사람들이 피해를 보았기 때문입니다.

사막이 점점 늘어나요

지구 온난화와 산림 벌채의 영향으로 몇 년 전부터 비가 점점 적게 내리고 있습니다. 그 결과 농사를 지을 땅이 사막으로 변하고 있습니다. 이런 현상은 이미 중국 북부의 몇몇 건조한 지역과 아르헨티나, 카자흐스탄, 우즈베키스탄, 그리고 아프리카의 뿔(아프리카 북동부)과 사헬 지대(사하라 사막 남부)에서 나타나고 있습니다. 2005년 니제르는 가뭄이 들어 농작물을 수확하지 못했고, 양의 수도 크게 줄었으며, 굶주림으로 수천 명의 아이들이 목숨을 잃었습니다. 기온이 단 1.5℃ 올라간 것만으로 아프리카의 몇몇 나라는 참혹한 피해를 입었습니다. 강수량이 줄어 수수 수확량이 70퍼센트까지 감소했고, 그 결과 2억 명에 가까운 사람들이 굶주림에 시달리게 되었습니다.

태풍, 허리케인, 사이클론

지구 온난화 때문에 바닷물의 온도가 올라가면서 태풍이나 허리케인, 사이클론의 규모가 점점 커지고 있습니다. 이 '대재앙'은 매년 아시아와 중앙아메리카, 카리브 해를 강타하고 있습니다. 2008년 쿠바는 세 번이나 사이클론 피해를 입어 45만 채의 가옥이 파괴되었고 작물 수확량의 30퍼센트를 잃었습니다. 아이티는 허리케인이 여러 번 지나가면서 세 명 가운데 한 명이 식량을 원조받아야 했습니다. 미얀마에서는 사이클론이 곡창 지대를 강타해 13만 8천 명의 희생자를 낳았습니다. 오늘날에도 약 3억 5천 명의 사람들이 열대성 사이글론의 피해를 입어 임시 거처에서 지내고 있습니다.

가난한 나라를 위한 특별 기후 기금

1997년 일본 교토에 세계 여러 나라가 모여 지구 온난화를 유발하는 이산화탄소 배출을 줄이기로 약속했습니다. 그 약속을 문서로 정리한 게 바로 교토 의정서입니다. 우리나라도 이 약속에 따라 앞으로 이산화탄소 배출을 줄여야 합니다. 그리고 부유한 나라들이 돈을 내서 '기후 변화 적응 기금'을 만들기로 했습니다. 가난한 나라들이 지구 온난화에 잘 대비할 수 있도록 돕기로 한 것입니다. 이 기금이 약속대로 모인다면 약 860억 달러입니다. 하지만 국제연합에 입금된 돈은 고작 5천만 달러밖에 되지 않았습니다. 860억 달러는 세계 군사비의 10분의 1에 해당하는 액수입니다. 게다가 세계에서 이산화탄소를 가장 많이 배출하는 미국(전 세계 배출량의 28퍼센트 배출)은 지난 2001년 교토 의정서에서 탈퇴했습니다.

2050년에는 90억 인구를 먹여 살려야 해요

전 세계적으로 먹여 살려야 할 인구는 날마다 20만 명씩 늘어나고 있습니다. 이런 상황에서 모두가 배고플 때 음식을 먹을 수 있으려면, 세계의 농업 생산력을 두 배로 늘려야 하며, 자원을 더 잘 관리해야 합니다.

가난한 나라는 식용 작물을 길러야 해요

결국 식량 문제는 스스로 해결할 수밖에 없습니다. 식량 부족 문제와 수입 농산물의 가격 상승 때문에 고심하던 동아프리카의 말라위 정부는 2005년부터 농가에 식용 작물 재배를 장려하기로 결정했습니다. 말라위 정부는 농부들이 씨앗이나 비료를 사고, 관개(농사를 짓는 데 필요한 물을 논밭에 대는 것) 기술을 익힐 수 있도록 보조금을 지급했습니다. 그 결과 말라위는 옥수수를 다른 나라에 수출하게 되었으며, 충분한 양을 비축해 놓았습니다. 또 시장에도 각종 농산품이 잘 갖추어져 있어 이제 식량 문제는 어느 정도 해결되었습니다. 2008년 4월 국제연합은 남반구의 여러 나라에 식용 작물 재배를 장려하기 위한 재정 보조에 나서겠다고 발표했습니다.

콩을 먹는 자동차는 안 돼요

옥수수, 콩, 사탕수수와 같은 농작물로 만든 식물성 대체 연료로 석유나 경유를 대체하면 이산화탄소 배출을 줄일 수 있습니다. 하지만 점점 많은 과학자들이 이런 식물성 대체 연료 생산에 반대하고 있습니다. 식물성 대체 연료를 생산하면서 오히려 환경을 파괴하고 있기 때문입니다. 브라질과 말레이시아, 인도네시아의 원시림이 날마다 10여 헥타르씩 허무하게 사라지고 있습니다. 식물성 대체 연료를 만드는 데 필요한 농작물을 지을 토지를 확보하기 위해 원시림을 없애기 때문입니다. 아르헨티나에서는 대체 연료를 만들기 위한 콩을 심느라 목초지를 비롯한 식용 작물 재배 면적이 25퍼센트나 줄어들었습니다. 자동차에 사용할 대체 연료를 생산하면 그만큼 식량을 생산해야 할 땅이 줄어들게 되는 것이지요. 그렇게 되면 식량 부족 현상이 더 빨라질 뿐만 아니라 농산물 가격이 크게 오를 가능성이 높습니다. 그 결과 10억 인구가 배고픔에 시달리게 될지도 모릅니다.

효율적으로 물을 사용해야 해요

지구에 있는 민물의 3분의 2가 농업에 사용됩니다. 세계 인구가 늘어나면서 필요한 식량 또한 늘어났습니다. 그래서 관개 시설을 더 발전시켜 적은 물로 많은 식량을 생산해야 하는 어려움에 처해 있습니다. 아프리카에서는 물을 댈 수 있는 땅의 10퍼센트만이 농지로 이용되고 있습니다. 가장 많이 사용되는 기술은 경작지 한가운데에 조그만 도랑을 내어 물이 흐르도록 하는 것입니다. 그러나 이런 방법은 식물이 물을 흡수하기도 전에 증발해 버리거나 땅속으로 스며들고 맙니다. 그래서 물을 식물에 직접 뿌려 주거나 한 방울씩 떨어트리는 장치를 이용하는 것이 가장 경제적입니다. 이 방법은 인도, 요르단, 이스라엘에서 효과를 보였습니다. 이 나라들은 적은 물로도 수확량이 늘어나는 놀라운 결과를 얻었지요. 오늘날 물을 댈 수 있는 땅의 10~15퍼센트에서 물을 뿌려 주는 방법을 이용하고 있으며, 1퍼센트 정도의 땅에서는 물을 한 방울씩 떨어트리는 방법을 이용하고 있습니다. 예전에는 이런 시설을 갖추는 데 많은 비용이 들었지만 지금은 가난한 나라의 농부들도 쓸 수 있게 되었습니다.

고기를 적게 먹어야 해요

세계 곡물 생산량의 3분의 1이 가축의 먹이로 쓰입니다. 미국인 한 명은 해마다 평균 120킬로그램의 고기를 먹습니다. 중국은 20년도 안 되는 기간 동안 육류 소비가 두 배로 늘어나, 1인당 매년 40킬로그램을 소비합니다. 우리나라도 육류 소비량이 늘어난 건 마찬가지입니다. 우리나라는 1인당 해마다 35.6킬로그램의 육류를 먹습니다(2008년 기준). 고기와 유제품의 소비량이 점점 많아지고 있는 만큼 머지않아 가축과 사람이 먹을 곡물의 양은 부족해질 것입니다. 이제는 우리 모두 육류 소비량을 줄여야 합니다. 지구 한쪽에서는 굶주림에 지쳐 목숨을 잃는 사람들이 있는데 가축들은 토실토실 살을 찌우고 있습니다.

음식을 함부로 버리지 마세요

세계에서 생산되는 먹을거리의 절반 이상이 시장 기준에 맞지 않는다는 이유로 버려지거나 비효율적으로 쓰이고 있습니다. 해마다 3천만 톤이나 되는 생선을 바다에 버리고 공급량이 너무 많아지면 가격이 떨어진다는 이유로 많은 농산물이 버려지고 있습니다. 우리나라는 전체 먹거리의 70퍼센트 가량을 외국에서 수입해 오는데 그 가운데 10퍼센트 이상을 버리고 있습니다. '국제연합환경계획'(UNEP)*은 버려지는 모든 먹을거리를 가축의 먹이로 재활용할 것을 제안하고 있습니다. 그러면 가축이 먹는 곡물의 양을 줄일 수 있습니다.

자동차 한 대에 필요한 식물성 대체 연료를 만드는 데는 옥수수 260킬로그램이 필요합니다. 한 사람이 1년에 소비하는 옥수수 양과 맞먹지요. 아프리카에서 생산되는 농산물의 40퍼센트는 창고가 없거나 도시로 운송할 도로망이 갖추어져 있지 않아 버려지고 있습니다.

대안세계화운동을 하는 사람들

'대안세계화운동'이란 세계화에 반대하는 비판적 사회 운동을 말합니다. 이 운동을 하는 사람들은 사회 정의와 공정 거래, 환경 보호에 도움이 될 수 있도록 세계 경제를 새롭게 개편할 것을 제안하고 있습니다.

또 다른 세계가 가능하다!

대안세계화운동은 매우 다양한 조직으로 구성되어 있습니다. 이 운동을 하는 사람들은 세계화 때문에 온갖 부정과 불평등이 커진다고 생각했습니다. 그래서 국제 금융권의 힘과 다국적 기업의 힘, 주식 시장의 힘, 끝없는 이윤 추구, 공공 서비스의 민영화 등에 대해 이의를 제기합니다.

세계화에 반대하는 '세계 사회 포럼'

매년 스위스의 다보스에서는 '세계 경제 포럼(다보스포럼)'이 열립니다. 세계 정치와 경제 부문에서 가장 영향력 있는 사람들이 모여서 각종 정보를 교환하고, 세계 경제 발전 방안 등을 논의하는 것이지요. 하지만 이 회의는 선진국 중심의 국제 회의입니다. 그래서 대안세계화운동을 하는 사람들은 이에 맞서 소외된 사람들의 목소리를 전하고자 '세계 사회 포럼'을 개최하였습니다. 2001년 브라질의 포르투알레그레에서 처음 개최한 이 회의는 큰 성공을 거두어 유럽과 아시아, 아프리카에서 지역 사회 포럼을 개최하는 것으로 이어졌습니다.

세계는 상품이 아니다

'국제금융관세연대'(ATTAC)는 모든 나라가 '토빈세'를 도입할 것을 주장하고 있습니다. 토빈세란 노벨 경제학상을 받은 제임스 토빈이 생각해 낸 세금으로, 단기 자금이 국경을 넘나들 때마다 세금을 매기자는 취지로 제시된 것입니다. 이렇게 하면 갑자기 해외 자본이 빠져나가서 그 나라가 타격을 입게 되는 일이 줄어듭니다. 현재 프랑스, 영국, 독일, 이탈리아, 일본 등의 나라가 이 제도의 도입에 대해 활발히 논의 중입니다. 이제 국제금융관세연대는 세계화로 위협받는 농업과 환경, 건강을 비롯한 모든 영역으로 활동을 넓히고 있습니다. 이 사람들은 대규모 국제 회의가 열릴 때마다 "세계는 상품이 아니다."라는 구호와 함께 시위를 하고 있습니다.

'조세 피난처'와 전쟁을 벌이다

버진 아일랜드, 사모아, 바하마, 모나코, 안도라, 리히텐슈타인은 이른바 '세금 천국'이라 할 수 있습니다. **조세 피난처***이기 입니다. 원래대로라면 국가의 세금으로 걷혀서 개발 계획(도로, 학교, 병원 등을 짓는 일)에 투자되어야 할 돈이 이곳에서 탈세와 돈세탁이 되어 개인이나 기업의 이윤으로 둔갑합니다. 대안세계화운동을 하는 사람들은 이런 상황을 강력하게 비판하고 있습니다.

세계의 빈곤과 불평등을 줄이려면

21세기는 '연대의 세기'가 될 수 있을까요? 2000년 9월, 국제연합에 가입한 192개국은 함께 힘을 합쳐 빈곤과 맞서 싸우기로 약속하였습니다. 2015년까지 세계의 빈곤을 반으로 줄이는 것이 목표였지요. 이제 시간이 얼마 남지 않았습니다.

국제연합이 발표한 여덟 가지 도전 과제

국제연합은 빈곤 퇴치를 위해 모든 영역에 걸쳐 '새천년개발목표(MDGs)'를 세웠습니다. 극빈층이나 상수도 시설이 없는 곳에서 사는 인구 비율을 절반으로 줄이는 것, 5세 이하의 아동 사망률을 3분의 1 수준으로 줄이는 것, 모든 아이들이 초등 교육을 받는 것을 비롯해 총 여덟 가지를 목표로 세웠지요. 국제연합에 가입한 192개 국가들은 자기 나라의 평화를 보장하며, 의료와 교육, 상수도 설비와 같은 공공 서비스를 누구나 쉽게 이용할 수 있게 만들고 부패를 없애는 데 협력하기로 했습니다.

부자 나라들이 약속을 지키지 않아요

개발도상국의 경제 발전을 위해 선진국이 경제적 도움을 주는 걸 '개발 원조'라고 합니다. 개발 원조는 한 나라가 다른 나라에게 직접 하기도 하고 국제연합이나 여러 국제 기구를 통해 하기도 합니다. 개발 원조 덕분에 사람과 사람 간은 물론 국가와 국가 간에 협력이 이루어지면서 농업 장려나, 의사 및 교사 양성과 같은 장기간에 걸친 개발 계획을 실행에 옮길 수 있었습니다. 1970년는 국제연합의 제안에 따라 몇몇 선진국이 예산의 0.7퍼센트를 개발 원조에 배정하기로 약속했습니다. 하지만 현재 대부분의 나라가 이 약속을 지키지 않고 있습니다. 해가 바뀔수록 잘사는 나라의 참여가 줄어들고 있습니다. 많은 사람들이 최근 세계 경제가 어려워지면서 이런 상황이 더욱 악화되지 않을까 우려하고 있습니다. 우리나라도 약 40여 년 동안 개발 원조를 받다 지난 1995년 개발 원조 대상국에서 제외되었습니다.

국제 사회가 가난한 나라의 빚을 갚아줘요

지난 몇 년간 가난한 나라들은 국제은행과 국제 기구에서 엄청난 액수의 돈을 빌렸습니다. 그 결과 아프리카와 남아메리카의 몇몇 나라에서는 국가 예산의 절반 이상을 국민의 건강이나 교육에 사용하지 못하고 빌린 돈을 갚는 데 쏟아 붓고 있습니다. 국제 사회는 이러한 상황을 개선하기 위해 빚을 줄여 주기로 결정하였습니다. 대신 원조를 받은 나라들은 지켜야 할 조건이 있습니다. 매우 엄격한 사회를 만들고, 경제 발전 계획을 실천해야 하지요. 2007년에 34개국이 이 혜택을 받았는데, 그 가운데 28개국이 아프리카에 있는 나라들이었습니다.

원조를 받아 더 좋아졌어요

브라질은 원조를 받아 2007년에 채무국(다른 나라에 빚을 진 나라)에서 벗어났습니다. 이후 공무원의 수도 늘었고 임금도 올랐습니다. 그리고 사기업으로 자리를 옮겼던 대학 교수들도 다시 학교로 돌아왔지요. 아프리카에서는 1999년부터 2005년까지 받은 원조 덕분에 2천9백만 명의 아이들이 학교에 다니게 되었고, 치료를 받게 된 에이즈 환자가 네 배나 늘어났습니다. 아프리카 12개국에서는 지원금의 3분의 1이 의료 부문에 쓰이고 있습니다.

'더러운 빚'을 없애 주오!

여러 국제 비정부 기구들은 제3세계에 속하는 국가의 빚, 그 가운데서도 특히 독재자들이 개인적으로 부를 쌓거나 독재 체제를 위해 빌려 쓴 '더러운 빚'을 없애 주기 위해 노력하고 있습니다. 현재 40여 나라가 지고 있는 이런 더러운 빚의 총액은 5천억 달러에서 7천3백억 달러 정도로 추산됩니다.

부자들이 조금만 도와줘도 빈곤을 퇴치할 수 있어요

2008년 세계의 백만장자 수는 천만 명이었습니다. 그리고 이 사람들의 재산은 모두 40조 7천억 달러로 추정되었습니다. 해마다 이 재산 가운데 0.5퍼센트만 기부한다면 국제연합의 새천년개발목표를 실현하는 데 필요한 돈을 마련할 수 있습니다.

기후 난민을 도와주세요

지구 온난화로 인해 해수면이 점점 높아지고 있습니다. 21세기 말이 되면 세계 인구의 2퍼센트가 위험에 처하게 될 것입니다. 특히 인도양에 있는 솔로몬이나 몰디브는 지금도 점점 바닷속으로 가라앉고 있습니다. 2100년이면 몰디브는 완전히 바닷속에 잠기게 됩니다. 그럼 몰디브 사람은 살 곳을 잃게 됩니다. 그래서 국제 사회는 이런 엄청난 위기에 처한 기후 난민들이 다른 나라로 이주할 수 있게 노력하고 있습니다. 하지만 어떤 나라가 몇 명의 몰디브 사람을 받아 줄까요? 설령 다른 나라로 옮겨 간다고 해도 낯선 땅과 낯선 문화에서 차별과 멸시를 받을 게 뻔합니다. 최근 몰디브 정부도 이 문제를 해결하기 위해 앞장섰습니다. 몰디브로 오는 관광객들에게 환경세를 내게 하고 있습니다. 이렇게 모인 세금은 몰디브 사람들이 이주할 수 있게 인도나 스리랑카의 땅을 사는 데 쓰이고 있습니다.

구호 활동을 펼치는 인도주의자들

다양한 규모의 민간 기구들이 지구상에서 긴급 구호와 난민 구호를 위해 힘쓰고 있습니다. 이 단체들이 가장 중요하게 생각하는 것은 '연대'입니다.

세계의 소방수, 인도주의자들

인도주의자들은 어려움에 처한 사람들에게 식료품을 보내거나 병을 치료해 주며, 집을 지어 주고, 예방 주사를 놓아 줍니다. 또 군사 분쟁이나, 기근, 자연 재해가 일어났을 때, 사람들이 위기를 잘 극복할 수 있도록 도와줍니다. 국제 비정부 기구는 저마다 자신의 영역에서 전문적인 일을 하고 있습니다. 예를 들어, '국경 없는 의사회'와 '핸디캡 인터내셔널'은 의료 지원을 해 주며, '기아추방행동'과 '옥스팜'은 기아와 싸우고 있습니다.

세계 곳곳에 도움의 손길을 보내요

국제 비정부 기구는 카메라가 미치지 못하는 지역에서 저질러지고 있는 끔찍한 행위에 대해 관심을 촉구해 왔으며, 인도적 지원을 실천해 왔습니다. 또 국제연합에 대표를 파견해 인간의 존엄성을 지키기 위한 활동을 하고 있습니다. 예를 들어, 지뢰를 금지할 것과 최저개발국에 사는 에이즈 환자가 약을 처방받을 수 있도록 적극적으로 나서고 있습니다. 1997년에는 '국제 장애인 협회'가, 1999년에는 국경 없는 의사회가 노벨 평화상을 받았습니다.

어떤 돈으로 운영되는 걸까요?

국제 비정부 기구는 어떤 정치나 종교 세력에도 의존하지 않는 독립 기구이며 주로 기부금으로 운영됩니다. 국제 비정부 기구가 억만장자 빌게이츠 재단과 같은 개인 재단과 서로 협력하게 된 것은 그리 오래되지 않습니다. 마이크로소프트사의 회장인 빌게이츠의 재단은 세계보건기구의 예산보다 10배나 많은 돈을 쓸 수 있다고 합니다.

인도주의자의 할머니, 적십자

스위스 사람인 앙리 뒤낭은 1859년 솔페리노에서 처참한 전투를 목격한 뒤 부상자들을 위해 '적십자'를 창설하기로 결심했습니다. 제네바에 본부를 두고 175개 나라가 참여한 국제적십자연맹은 세계에서 가장 큰 인도주의 실천 기구입니다.

적십자는 전쟁이 일어난 곳이라면 어디든 달려가 국적을 따지지 않고 다친 사람을 치료합니다. 그리고 지진이나 홍수 등 자연 재해로 고통 받는 사람들과 가난한 사람들을 위해 일하고 있습니다. 이슬람 국가에서는 적십자의 상징인 붉은 십자가 대신 붉은 초승달을 상징으로 사용하며, 이름도 적십자 대신 '적신월사'라고 합니다.

누구나 참여할 수 있어요

어떻게 하면 가난한 사람들이 더 나은 삶을 살 수 있을까요? 예를 들어 노숙자에게 따뜻하게 웃어 주고, 용돈을 모아 기부를 할 수 있습니다. 또는 적십자나 사회운동단체를 통해 봉사 활동을 하거나 장난감이나 옷을 보내 주는 것도 좋은 방법입니다.

'착한 소비'를 해요

남반구의 나라들은 아무리 생산품을 수출해도 형편이 나아지지 않았습니다. 북반구의 나라들이 남반구의 상품을 헐값에 사기 때문입니다. 그래서 이런 관행을 바로 잡기 위해 몇몇 단체들은 '공정무역'을 시작하게 되었습니다. 남반구의 생산품에 공정한 가격을 지불한 것이지요. 때문에 공정무역 상품을 생산하는 생산자는 좋은 조건에서 일하고 있으며, 가족을 부양할 수 있을 만큼의 적정한 임금을 받게 됩니다. 또 상품 판매를 통해 얻은 수입의 일부는 학교와 병원 건설, 농기구 구입 등 지역 개발을 위해 쓰입니다. 이제 설탕, 커피, 과일 주스뿐만 아니라, 운동화까지 남반구에서 생산되는 약 3000종에 가까운 상품들이 공정 무역을 통해 거래되고 있습니다. 공정 무역 상품은 상점과 인터넷을 통해 구입할 수 있으며, 특정 마크를 통해 공정무역 상품을 확인할 수 있습니다.

국제 비정부 기구에서 물건을 팔아요

국제 비정부 기구 가운데는 상품을 파는 상점을 가지고 있거나 유명 제조 회사와 손을 잡은 곳이 있습니다. 그래서 상품을 팔아 생긴 이익의 일부를 인도주의적인 활동을 하는 데 지원하는 것이지요. 예를 들어 유니세프 한국위원회에서는 머그컵이나 옷, 문구류 등을 판매하여 얻은 수익을 가난한 나라의 어린이들을 위해 씁니다.

직접 알아보고 자료를 모아요

여러분이 가난한 나라의 사람들을 직접 돕고 싶을 때는 어떻게 하면 될까요? 우선 주변 사람들에게 이 일에 대해 이야기해 보세요. 그리고 인터넷이나 도서관에서 관련 자료를 찾아보세요. 가장 좋은 방법은 여러분이 관심을 가지고 있는 분야와 관련된 단체에 직접 연락을 하는 것입니다. 여러 구호 활동을 펼치는 단체의 홈페이지를 살펴보면, 그 단체에서 하는 활동에 대해 알아볼 수 있고, 때로는 서로 의견을 나눌 수도 있습니다. 예를 들어 '굿네이버스'나 '월드비전' 같은 단체들이 가난한 나라를 돕기 위한 활동을 하고 있습니다.

세계의 끝에서 온 아이에게 잠잘 곳을 제공해요

1988년 세계의사회의 한 회원이 만든 프랑스의 구호 단체는 가난한 나라의 아이들을 치료해 주고 수술해 주는 활동을 합니다. 프랑스에서는 그 아이들이 병원에 입원하거나 회복하는 동안 가정에서 보살펴 주기도 합니다.

세계인이 서로 돕고 나누는 아름다운 세상

여러분은 다양한 방법을 통해 여러 가지 활동을 할 수 있습니다. 해마다 많은 사람들과 단체들이 국제 비정부 기구와 함께 남반구에 사는 어린이들을 돕기 위한 활동을 펼치고 있습니다.

형편이 어려운 아이들을 위해 힘을 모아요

우리나라에서는 해마다 약 천 개의 학교가 '유니세프 한국위원회'의 모금 캠페인에 참여합니다. 이렇게 모인 돈은 이라크·아프간 전쟁이나 아이티 지진 같이 전쟁이나 천재지변이 일어난 지역의 어린이를 돕는 데 쓰이고 있습니다. 또 학용품이나 장난감, 옷 등을 '굿피플'에 보내면 그 물건들은 형편이 어려운 아이들에게 전달됩니다.

남반구의 어린이 한 명을 계속해서 도와 줄 수 있어요

여러 국제 비정부 기구에서는 후원의 손길을 기다리고 있습니다. 여러분이 후원자가 되어 달마다 후원금을 내면, 가난한 나라에 사는 어린이와 그 어린이가 사는 지역이 개발되는 데 큰 도움이 됩니다. 그 돈은 예방 접종이나 음식을 공급하고, 학교 교육 또는 물을 공급하는 데 쓰이지요. '세이브더칠드런'이나, '월드비전' 같은 단체의 후원자가 되면 한 어린이를 계속해서 도와줄 수 있으며 그 어린이와 편지를 주고받을 수도 있습니다.

자원 봉사에 참여할 수 있어요

구호 활동을 하는 많은 단체들은 자원 봉사자들이 필요합니다. 자원 봉사자들은 행정 업무를 맡기도 하고, 언론이나 해외 결연 어린이와 후원자 사이의 의사 소통을 위해 번역 작업을 하기도 합니다.

굶주리는 아이들을 위해 대회를 개최해요

프랑스의 '기아추방행동연대'(Action Against Hunger)는 해마다 5월이 되면 여러 도시에서 기아 퇴치를 위한 달리기 대회를 열고 있습니다. 아이들이 1킬로미터를 달릴 때마다 부모가 후원금을 내지요. 유네스코 한국위원회도 봄마다 남산에서 3.5킬로미터를 맨발로 걷는 맨발 걷기 대회를 개최합니다.
신발 없이 생활하는 어린이에 대해 생각해 보고, 지구촌 평화를 다짐하자는 게 목표입니다.

세계의 빈곤에 관한 퀴즈

1 최저개발국이 대부분 위치해 있는 곳은 어디입니까?
① 아시아
② 아프리카
③ 아메리카

2 하루에 2달러가 안 되는 돈으로 살고 있는 사람들은 얼마나 될까요?
① 10억 명
② 23억 명
③ 30억 명

4 학교 교육을 받지 못하는 아동의 수는 얼마나 될까요?
① 5400만 명
② 7200만 명
③ 9900만 명

5 국제연합개발계획이 만들어 낸 인간개발지수는 인간의 창의성을 측정하는 것입니다.
① 참
② 거짓

3 세계에서 4명 가운데 1명은 전기가 들어오지 않는 곳에서 살고 있습니다.
① 참
② 거짓

6 브라질에 있는 빈민촌의 이름은 무엇인가요?
① 파벨라
② 비돈시티
③ 또띠야

7 중국은 '세계의 사무실', 인도는 '세계의 공장'이라는 별명을 가지고 있습니다.
① 참
② 거짓

8 플라톤은 고위 관리자의 임금과 노동자의 임금 격차가 얼마나 될 것이라고 예상했습니까?
① 4배
② 7배
③ 12배

9 유럽에서 빈곤선 이하의 생활을 하는 사람들은 얼마나 될까요?
① 2명 가운데 1명
② 10명 가운데 1명
③ 6명 가운데 1명

10 적십자를 창설한 사람은 누구입니까?
① 앙리 뒤낭
② 조셉 케셀
③ 앙트완느 드 생텍쥐페리
④ 네안데르탈인

11 예방 접종으로 완전히 사라진 전염병은 무엇입니까?
① 소아마비
② 파상풍
③ 천연두

12 유엔은 여덟 개의 새천년개발목표를 언제까지 이룰 계획입니까?
① 2015년
② 2022년
③ 2012년

13 1848년 노예 제도를 폐지하게 만든 인물은 누구입니까?
① 쥘 페리
② 나폴레옹
③ 빅토르 쉴셰르

14 전 세계의 소외된 사람들의 목소리를 전하고자 2001년 브라질의 포르투알레그레에서 처음 개최한 회의의 이름은 무엇일까요?
① 세계 사회 포럼
② 세계 경제 포럼
③ 최저개발국 회의

15 세계에서 생산되는 먹을거리의 절반 이상이 낭비되거나 버려지고 있습니다.
① 참
② 거짓

정답

1. ② 아프리카
2. ② 23억 명
3. ① 참
4. ② 7200만 명
5. ② 거짓, 로미니의 삶이 질을 평가
6. ① 파푸아뉴기니
7. ② 거짓, 중국과 인도가 뭄바이아 됨
8. ① 사해
9. ③ 6명 가운데 1명 없고 가동도배 없음
10. ① 양의 탄수
11. ③ 1979년에 사라졌음
12. ① 2015년
13. ③ 빅토르 쉴셰르
14. ① 세계 사회 포럼
15. ① 참

더 많이 알고 싶다면

굿네이버스
http://www.goodneighbors.kr
국제 구호 개발 비정부 기구로, 가난하고 소외된 지구촌 이웃들을 전문적으로 돕고 있습니다. 국내는 물론 방글라데시, 케냐, 에티오피아 등 여러 나라에서 구호 활동을 펼치고 있습니다.

굿피플
http://www.goodpeople.or.kr
가난과 질병, 혹은 재난 등으로 인해 극심한 생존 위험에 처해 있는 지구촌 이웃들의 소식을 알리며, 체계적이고 전문적인 도움을 주고 있습니다. 소외 지역 개발, 가난 퇴치, 아동 보호, 교육, 질병 예방과 치료, 긴급 구호 등 다양한 활동을 펼치고 있습니다.

기아대책
http://www.kfhi.or.kr
지구촌 기아 상황을 전 세계에 알리고 굶주린 사람들에게 식량 및 도움의 손길을 보냅니다. 빈곤한 국가나 지역에 '기아봉사단'을 보내 각종 개발 사업과 긴급 구호 활동을 펼치고 있습니다.

대한적십자사
http://www.redcross.or.kr
전쟁이 일어났을 때, 제네바 협약에 입각해 국군의 의료 보조 기관으로 활동하는 게 기본 임무입니다. 평소에는 어려움에 처한 사람들을 위해 구호 사업 및 보건 사업, 봉사 사업을 펼치고 있으며, 그외에도 혈액 사업, 국내외 이산 가족 찾기 사업 등을 하고 있습니다.

유니세프 한국위원회
http://www.unicef.or.kr
한국에서 유니세프(국제연합아동기금)를 대표하는 기관입니다. 세계 어린이를 위한 정보를 널리 알리고, 어린이를 위한 기금을 조성합니다. 또 어린이 권리를 신장하는 활동도 펼치고 있습니다.

지구촌나눔운동
http://www.gcs.or.kr
빈곤 문제를 좀 더 근본적으로 해결하기 위해 개발도상국 주민들의 능력을 높이고, 주민 참여를 통한 개발 사업을 돕습니다. 재난과 전쟁으로 인한 피해자들을 돕기 위해 긴급 구호 활동도 펼치고 있습니다.

플랜
http://www.plankorea.or.kr
개발도상국의 어린이들을 위해 지역 개발을 추진하는 국제 비정부 기구입니다. 국적, 종교, 정치를 초월해 어린이를 후원하는 일을 합니다. 아시아와 아프리카에서 활발한 활동을 하고 있습니다.

작은 사전

거대 도시
여러 대도시가 확장되면서 결국 그 도시들이 서로 합쳐진 도시입니다. 인구와 여러 가지 사회적 기능이 고도로 집중되며, 보통 인구가 백만 명을 넘습니다.

공산주의
사유재산을 인정하지 않는 정치 체제를 말합니다. 개인의 필요에 따라 소비재를 분배하고 생산 수단을 공동으로 관리합니다.

국제연합
1945년에 창설되었으며 총 192개국의 회원국이 있습니다. 평화를 지키고 모든 국민의 경제적, 사회적 발전을 위해 협력하고, 인간의 권리와 기본 자유가 잘 지켜지고 있는지 감시하는 것이 목표입니다. 회원국이 내는 돈으로 운영되고 있습니다.

국제연합개발계획
국제연합 산하 기구이며, 개발도상국을 도와주는 일을 합니다. 개발도상국에 필요한 조언을 해 줄 뿐만 아니라, 개발도상국이 기부금을 받을 수 있도록 돕습니다.

국제연합아동기금
국제연합 산하 기구로서 '유니세프'라고도 합니다. 국제연합아동기금에서는 각국의 정부와 함께 아동의 건강, 교육, 영양, 위생을 위해 일하고 있습니다. 국제연합아동기금은 국제아동권리 협약을 채택하는 데 결정적인 역할을 했습니다.

국제연합환경계획
유엔 산하 기구이며, 각 나라들이 환경 정책을 실천하도록 돕고, 지속 가능한 발전을 장려합니다.

노동조합
노동 조건의 개선 및 노동자의 사회적·경제적인 지위 향상을 위해 노동자가 조직한 단체입니다.

담보
돈을 빌린 사람이 돈을 갚지 못할 경우 돈을 대신할 수단으로 제공하는 부동산이나 동산 등을 말합니다.

디프테리아
열이 나고 목이 아프며, 음식 삼키기와 호흡이 힘들어지는 급성 전염병입니다.

마야 문명
기원 전후부터 9세기까지 중앙 아메리카의 과테말라 고지에서 유카탄 반도에 걸쳐 번성한 마야 족의 고대 문명을 말합니다.

백일해
경련성 기침을 일으키는 급성 전염병입니다.

보증
돈을 빌린 사람이 돈을 갚지 못할 경우, 그 사람을 대신해서 돈을 갚겠다고 약속하는 일을 말합니다.

비정부 기구
국가 차원에서나 국제적으로 인도주의적인 지원 활동과 인권 옹호, 환경 보호를 위한 일을 하는 비영리 목적의 기구를 말합니다.

빈곤선
최저 한도의 생활을 유지하는 데 필요한 임금 수준을 말합니다. 개발도상국에서는 일당이 1.25달러(1유로) 이하인 경우에 해당됩니다. 하지만 선진국에서는 국민 평균 수입의 절반에 미치지 못하는 임금을 말합니다. 우리나라에서는 빈곤선을 정할 때 보통 중위 소득층의 절반을 기준으로 측정합니다. 우리나라는 3인 가구를 기준으로 했을 때, 한 달에 72만 4000원 이하가 빈곤선입니다.

사회보장제도
예를 들어 질병이나 사고로 인한 의료비의 일부를 국가가 내는 것과 같이, 질병, 재해, 실직 따위의 어려움에 처한 국민을 보호하기 위해 정부가 마련한 제도입니다.

세계보건기구
유엔 산하 기구로서 사람들이 건강하게 지낼 수 있도록

돕는 것이 목적입니다. 특히 전염병을 퇴치하기 위해 노력하고 있습니다.

아즈텍 문명
멕시코 중앙 고원에 발달한 인디오의 문명을 말합니다.

잉카 문명
남아메리카 안데스 지대의 페루를 중심으로, 16세기 초까지 잉카 족이 이루었던 청동기 문화를 말합니다.

조세 피난처
기업이나 개인의 소득에 대해 세금을 매기지 않거나 매우 낮은 세율만 적용하는 지역을 말합니다.

세계의 빈곤, 남반구와 북반구의 비밀

2010년 9월 7일 1판 1쇄
2024년 10월 15일 1판 10쇄

글쓴이 : 카리나 루아르
그린이 : 마리 드 몽티
옮긴이 : 나선희

편집 : 최일주, 이혜정, 김언수
디자인 : 미르
제작 : 박흥기
교정 : 최문주
마케팅 : 양현범, 이장열, 김지원
홍보 : 조민희

출력 : 블루엔
인쇄 : 코리아피앤피
제책 : J&D바인텍

펴낸이 : 강맑실
펴낸곳 : (주)사계절출판사
등록 : 제 406-2003-034호
주소 : (우)10881 경기도 파주시 회동길 252
전화 : 031)955-8588, 031)955-8558
전송 : 마케팅부 031)955-8595 | 편집부 031)955-8596
홈페이지 : www.sakyejul.net | 전자우편 : skj@sakyejul.com | 블로그 : blog.naver.com/skjmail
인스타그램 : instagram.com/sakyejulkid | 페이스북 : facebook.com/sakyejulkid

값은 뒤표지에 적혀 있습니다. 잘못 만든 책은 구입하신 서점에서 바꾸어 드립니다.
사계절출판사는 성장의 의미를 생각합니다. 사계절출판사는 독자 여러분의 의견에 늘 귀 기울이고 있습니다.

ISBN 978-89-5828-502-1 73330